KODANSHA

SENSHO MÉTIER

講談社選書メチエ

ヒムラーとヒトラー

氷のユートピア

谷　喬夫

●目次　ヒムラーとヒトラー

ヒムラーとヒトラー（1943年10月）

序章　ユートピアとしてのナチズム

ニュルンベルク裁判

一九四六年九月三十日、十月一日、ニュルンベルクで開かれていた国際軍事法廷は、起訴されたドイツ側二十二名の主要戦犯に対する判決を下した。こうした大規模な戦争を、裁判によって裁くというのは、まったく前例のないものであった。いったい、主権を有する国家間の戦争を、国内の裁判のように裁けるものであろうか。可能であるとすれば、国内法に優位する国際法とは何か。ニュルンベルク裁判は、こうした点に答えて、共同謀議による三つの犯罪を挙げた。

①平和に対する犯罪。すなわち、侵略戦争、あるいは国際的条約などに違反する戦争を、計画、準備、実施した罪。

②戦争犯罪。すなわち、戦争法規や慣習に違反した罪。捕虜や市民に対する、強制労働、拷問、虐待、殺戮《さつりく》などの罪。

③人道（人間性）に対する犯罪。政治的、人種的、宗教的などの理由で市民を迫害、奴隷化、殺戮した罪。

つまり、国際軍事法廷は、ナチズムに支配されたドイツ国家を犯罪国家として、とくに人道に対する罪のように、人間が国境線を超えて持つ、普遍的な自然法に依拠して裁こうとしたのである。ユダヤ人に対するホロコーストは、なによりも人道に対する犯罪の典型をなすものであった[1]。

この法廷の被告席に座ったのは、ゲーリンクやヘス、カルテンブルンナーなどのナチ党、親衛隊関係者、カイテルやヨードルのような国防軍関係者、その他ナチの権力政策に協力した者たち（パーペン、シュペアー、シャハトなど）であった。

この裁判を通じて、ナチ時代からの態度をほぼ変えなかったのは、処刑直前に自殺したゲーリンク一人であったといってよい。精神に異常をきたした（ふりをした）ヘスを除けば、他の指導者たちは、押しなべて、自分たちは上からの命令には背けなかった、自分の犯した罪の重大性に今は気づいているが、当時は自分一人ではどうにもならなかった、との弁論を展開した。暗殺されたハイドリヒの後を継いで、帝国保安本部を指揮した親衛隊のカルテンブルンナーでさえ、そのいかにも残虐そうな顔つきに似合わず、例外ではなかった。

もちろんこれは欺瞞的な自己弁護であるが、ただ、そこに一つの真実があったことも否定できない。すなわち、ナチ国家は多くの権力集団、組織によって運営された巨大国家であるとしても、ユダヤ人の「最終的解決」のようなとてつもない政策、「人道に対する犯罪」を発案し、その準備、実施を命じたのは、いったい誰かということである。もちろん、この裁判の被告たちの多くが、何らかの形で、「人道に対する罪」に加担したといえるであろうが。

不在の主役

しかし、ニュルンベルク裁判には明らかに、被告席に座るべき主役が欠如している。すなわち、侵略戦争やユダヤ人のホロコーストに、もっとも責任ある人物が欠けているのである。

ユダヤ人の絶滅を担当したのは、なによりもハインリヒ・ヒムラーの指揮する親衛隊であり、ナチ国家の最高指導者はアドルフ・ヒトラーであった。したがって、われわれは、ナチズムの真実を理解するために、ニュルンベルク裁判の被告たちを超えて、不在の主犯であるヒトラーとヒムラーを、そして両者のコンビネーションを解明しなければならないのである。

ニュルンベルク裁判の被告たち。
被告席最前列の向かって左からゲーリンク、ヘス、リッベントロップ、カイテルなどの顔がみえる。しかし、ここには主役の２人がいない。

そうすると、人はそこに、身の毛もよだつ狂気の犯罪者を発見することになるであろうか。人道に反したヒトラーやヒムラーは、鬼道に迷い込んだ異常者であろうか。もしそうであれば、ニュルンベルクの見物者たちは、ナチズムを西欧近代史の異常児として確認し、自分たちの文明は安泰だと胸をなでおろすであろう。

しかし、ことはそれほど単純ではない。ヒトラーやヒムラーの思想を探求してゆくと、人は「人道に反する犯罪」の背後に、驚くべきことに、一つのユートピアを見いだすことになる。それは確かにニュルンベルク裁判が依拠した人道（人間性）の概念には反するであろうが、やはり近代がもたらした〈理想主義〉の一つの極限形なのである。ナチズムが、もう一つのユートピアであり、別種の理想主義であるという点こそ、本書が明らかにしたいことである。

二十世紀は「宗教戦争」の時代

本書はヒトラーとヒムラーを中心としたナチズムの政治思想研究であるが、まず、ナチズムをどのように歴史的に位置付けたらよいであろうか、という問題から話を始めさせてもらいたい。

E・J・ホブズボームは、西欧を中心とした近、現代史を総括して、一七八九年のフランス革命から一九一四年の第一次世界大戦に至る「長い十九世紀」と、ロシア・ボルシェヴィキ革命に始まり東西冷戦体制の崩壊（一九九一年）までの「短い二十世紀」とを区分した。そしてかれは、その短い二十世紀を、さらに第二次世界大戦終結までの「破局の時代」、冷戦下での経済成長が達成された「黄金時代」、そして一九七〇年代以降の「地すべり」の時代と細分しているのだが、一言でいえば、それは「宗教戦争」の時代であったと述べている[2]。

確かに、二十世紀は宗教性を帯びた世俗的イデオロギーの対立の時代であった。考えてみれば、西欧全体が、これほど宗教イデオロギーの対立に巻き込まれ、宗教戦争ゆえの徹底性で戦争が遂行された時代は多くはなかった。十一、十二世紀の十字軍時代、十六世紀の新・旧宗教戦争時代以来のことである。

十九世紀に起源をもつ政治的イデオロギー、ナショナリズムや社会主義、自由主義が、二十世紀の宗教対立の機軸となった。すなわち、第二次世界大戦終結まではナチズムと自由民主主義が、それ以降は共産主義と自由民主主義とが、対立の軸を形成したのである。こう考えると、ナチズムは世俗的宗教イデオロギー戦争の時代の幕開けを告げるものであったといえよう。

科学と非合理的なイデオロギーは矛盾しない

しかし十九世紀は産業革命と自由主義の時代のはずである。どうして実証的な科学、技術の格段に進歩した、啓蒙化された時代の後に、十八世紀以来克服、あるいは中立化されたはずの宗教が、世俗的な形態をまとって復興してきたのであろうか。

その背景を知性の問題としてみれば、自然科学の発達とともに、社会の意味と共存していた理性が、対象の数量化にのみ係わる〈道具的理性〉へと変質し、世界全体の意味との結びつきを失ってしまったということが挙げられるであろう。

さらに現実問題としては、自立的な市民を主体としていたこれまでの社会の構成が実質的に破産し、社会という舞台の主役が、もっぱら情動的、欲動的に、つまり非合理的に行動する大衆にとって代わられはじめたという事情が挙げられる。こうした大衆の行動は、一方で技術合理的な産業社会の成果に依拠しながらも、他方で理性的な討論よりも、大衆を飲み込む、擬似宗教的なイデオロギーに左右されることになった。

また十九世紀には、科学と産業の進歩思想の背後で、おりからのナショナリズム、帝国主義的社会ダーウィン主義と連動して、実に多くの、怪しげな人種差別主義や反ユダヤ主義が、あたかも時代の地下水脈のように流れはじめた。そして、こうしたブラック・ジャーナリズムの読者の多くは、社会的地位の定まらない大衆であり、日常的合理的世界から排除されたモッブであった。

そして、社会の意味連関から切り離された〈道具的理性〉が、非合理的な地下水と合流するとき、ここに、新しい野蛮の種子が生育することになったのである。

ここに、二十世紀の政治思想、イデオロギーにおける、合理性と非合理性というテーマが浮かび上がる。ナチズムの持つ道具的な合理性と、非合理的なイデオロギーとの結びつきという点は、ホルクハイマーとアドルノの共著『啓蒙の弁証法』(一九四七年)が、ナチズムを解明する鍵として提出した問題である。このテーマは、ここ十数年来ほぼ常識化しているけれども、それまではなかなか理解されなかった。

たとえば、ナチズムをほぼリアルタイムで研究したF・ノイマンは『ビヒモス』(一九四四年)[3]において、ナチ体制の矛盾を、魔術的、非合理的なイデオロギーと、労働や生産が必然的に要請する合理性との間に見いだしていた。ノイマンにとって、合理性と非合理性との矛盾は、ナチ体制の崩壊を導くに違いないものであった。

しかしナチズムのもとで、科学と非合理的なイデオロギーは、矛盾などものともせず、一種の共棲関係を形作っていったのである。

これはちょうど、オウム真理教の非合理的な教義、キッチュな宗教的ロマン主義が、物理や化学の高度専門性と何ら矛盾することがなかった点でも、今日実証済みである。自然科学的合理性の追求は、いかなる非合理的なイデオロギー、夢想とも共存しうるものである。

本書は、ナチズムにおける合理性と非合理性の絡《から》み合いを、東部総合計画と優生学の問題を通して解明することを目指している。

暗転

それではナチズムの持つ合理性とは何か。

端的にいえば、ナチズムもまた、十九世紀以来の合理主義に内在していた、進歩の思想の後継者なのだということである。それはノイマンのいうような労働や経済の合理性、さらに技術合理性というだけでなく、無限の進歩、完璧な社会を実現しようという願いである。親衛隊（SS）帝国指導者ハインリヒ・ヒムラーは人種の改良という考えに熱中したが、これを助長したのが、当時の遺伝学者や優生学者であった。

Z・バウマンは『近代世界とホロコースト』（一九八九年）において、ナチズムによる、ユダヤ人やロマ民族（ジプシー）、精神障害者などの大量虐殺は、たとえて言えば、一定の空間に、完璧な美的世界を作り出そうとして、雑草を引き抜いたり、邪魔な木を切ったり、好ましい植物を栽培したりする庭園技師の仕事と同じであると述べている[4]。この喩えは、ナチの東方ゲルマン帝国構想にもっともよく当てはまる。それは金髪碧眼《きんぱつへきがん》のアーリア人種の楽園として構想されたものであった。

西欧の思想史において理想庭園といえば、誰でも連想するのは、ユートピアである。マルクス主義が、二十世紀にかくも巨大な影響力を持ったのも、そのユートピア性と無縁ではないであろう。端的にいえば、「宗教戦争」の時代をリードしたのは、コミュニズムとナチズムのユートピアである。階級なき社会というイメージの隣に、ユダヤ人なき社会を、自由人の連合体というイメージの隣に、金髪碧眼のアーリア人種の楽園というイメージを対比することができる。

自由やヒューマニティ進歩の思想は暗転し、十九世紀の進歩思想のなかから、恐るべき暗黒思想が現れる。進歩の思想は技術合理性としては受け継がれながら、その延長線上に、反近代の野蛮な夢が出現するのである。本書は、ナチズムが、まさしく裏返しにされた進歩的ユートピアであることを明らかにしようとしている。

あるナチ将校の言葉

たとえば、オイゲン・コゴンは、強制収容所の分析を中心とした『親衛隊国家』(一九四六年)のなかで、一九三七年晩秋、あるナチ将校が彼に語ったナチの未来図について、次のように述べている。

われわれ後継者を指導する立場にある者の望んでいるのは、古代ギリシャの都市国家を模範とした、近代的な国家組織です。古代の巨大な文化的遺産は、広い領域で経済的に活用されたヘロイーテス(奴隷)を備えた、その貴族的に統制された民主制によるものです。百人中、五人か十人の、最良の者たちが支配し、残りの全員は労働し、服従しなければなりません。このようにしてのみ、われわれはわれわれ自身、つまりドイツ民族に必要とされる、最高の価値あるものを手に入れることができるのです。

新しい指導者層の選抜は親衛隊が実施します。積極的な面では、まず第一段階として国民政治教育機関があります。それから、来るべきナチズム貴族制の真の大学として、貴族学校と騎士団の城があります。そしてこれに続いて国政の実習がおかれます。消極的には、あらゆる人種生物学的に劣等の要素を消滅させ、改善の見込みのない政治的敵対者を除去します。かれらは、ナチズム国家の世界観的基礎や、その本質的な制度を承認しない連中です。遅くとも十年以内に、そうしなければ避けられない西欧の没落に歯止めをかけ、ドイツを指導的秩序力として先頭に戴く、真の諸民族共同体を構築する為に、西欧をアドルフ・ヒトラーの定めた掟の下に置くことが可能になっているでしょう[5]。

これは一九三七年時点のものであるから、後の東方ゲルマン帝国構想と比べれば、まだヒューマニティの欠けらくらいは残っている。

氷のユートピア

ドイツの学者、ヨアヒム・フェストは、ヒムラーを「氷点の男」というメタファーで呼んでいるが、われわれは本書で、こうしたナチズムのユートピアを〈氷のユートピア〉と呼びたい。

わが国の伝統でユートピアを考えれば、それはおそらくアジア的な〈桃源郷〉の夢であろう。それはたとえば浦島太郎の伝承にも見られるように、〈南方〉的、女性的な〈快楽〉のユートピアである。

しかし〈氷〉というメタファーは、それとは対照的なユートピアを暗示している。ヒトラーやヒムラーのユートピアは、凍てつく〈北方〉の大地に生きるアーリア人種の、男性的な〈規律〉のユートピアであり、さらにそれは、冷酷な〈支配〉のユートピアとして、十八世紀啓蒙的ヒューマニティの、自由や解放といった果実をすべて凍結させるものである。

寄せ集め

こうした暗黒のユートピアの特徴はなんであろうか。

ナチズムのユートピアは、近代産業社会の原理についてこられなくなった者たちの、反近代の夢をかき集めたものである。

先に述べた人種思想や反ユダヤ主義ばかりではない。ドイツ・ロマン主義からワンダーフォーゲル運動やワーグナーに至るまで、およそあらゆる文明批判的な心情が、ナチズムのユートピア像のなかに浮かび上がるといってよい[6]。

とはいえそれは寄せ集めであって、S・フリートランダーが述べたように、ナチズムの美学は〈キッチュ〉の美学である[7]。それは俗悪な〈まがいもの〉であって、いわば、ドイツ・ロマン主義やワーグナーを造花にしたようなものである。

親衛隊帝国指導者ヒムラーの画《えが》くユートピアのなかでは、帝国や騎士団の城、死者の巨大なモニュメントや古代文字、こうしたキッチュな装飾品が、親衛隊のイデオロギーの祭壇にささげられ、他方で人種優生学やメンデルの法則がその祭壇を取り巻く。ここでは近代と反近代、合理性と非合理性とが、狂暴なユートピアとして統合されるのである。

あたかも中世の主君と従者のように——ヒトラーとヒムラー

本書は、繰り返しいうと、ナチズムをユートピアとして理解しようとする試みである。しかし対象はヒトラーとヒムラーにほぼ限定している。そして出来るだけかれらの口から、ナチズムのユートピアを語らせようとした。その理由にふれておきたい。

ナチズムのイデオロギーといえば直ぐに思いつくのはローゼンベルクの『二十世紀の神話』であるが、ここでは取り扱わない。なぜなら、ローゼンベルクは確かにヒトラーの側近の一人ではあるが、党内外に権力基盤がなく、二流の役職（東部占領省大臣）にしか就けなかったことにくわえて、ヒトラーは、ローゼンベルクの書物をまったく評価していなかったからである。またダレーは、帝国世襲農場法制定にみられるように、イデオローグとしては、ローゼンベルクよりも重要であるが、ヒムラーと仲たがいしてからはやはり要職から排除されてしまった。

それに比べると、ヒトラーとヒムラーは、あたかも中世の主君と従者のように、ナチズムのユートピアのすべてに、その輝ける構想から戦慄すべき結末に至るまでに、全面的に関与したのである。いいかえれば、ナチズムのユートピアは、ヒトラーとヒムラーによって創造されたのである。

それではこれから、ナチズムの反近代のユートピアが生まれる土壌を確認することから、話をはじめよう。

第一章

近代の地下水脈

ヒトラーにつき従うヒムラー（向かって左後ろ）。右に従うのは総統代理ヘス。（1937年）

1 進歩の時代

「完成可能性」の信念

ヒトラーやヒムラーの懐《いだ》いたナチズムのイデオロギーといえば、多くの人は直ちに、野蛮、非合理性、反啓蒙、さらにある種の狂気さえも連想するかもしれない。しかし、一八八九年生まれのヒトラーも、一九〇〇年生まれのヒムラーも、ともに十九世紀末の時代の子であって、その時代の精神を充分に吸い込んで成長したのである。

実際、ヒトラーのなかには、十九世紀に特徴的な精神、すなわち科学と進歩の精神が、後年に至るまで確かに生き続けていた。たとえば一九四二年四月に、ヒトラーはローゼンベルクの『二十世紀の神話』が、誤解を与える表現であると苦言を呈し、神話ではなくして科学を賞賛しているのである。いわく、「国民社会主義者として、われわれは十九世紀の神話に対して、二十世紀の信念と学問的知識を対抗させるのだといわねばならない」[1]。

ヒトラーがナチズムを、科学的知識と信念に基づいて考えていたのだとすれば、われわれは、その科学や進歩の観念を生んだ十九世紀について、どうしても若干の考察が必要になる。

近代的な進歩の観念は、十八世紀フランスの啓蒙思想にまで遡《さかのぼ》ることができる。一般に〈進歩〉という場合、人はそこに、科学技術の進歩、つまり外的自然に対する人間の支配力の増大を見いだすであろうが、十八世紀の思想家にとって、それに劣らず重要であったのは、政治や社会制度の進歩であり、究極的には人間の倫理、道徳的な進歩、いいかえれば、人類の無限の「完成可能性」への信念であった[2]。

科学技術の優位

しかし十九世紀も半ばを過ぎると、「完成可能性」の精神は確かにオーギュスト・コントの〈実証的精神〉のなかにその後継を見いだしてはいるが[3]、実際には、科学技術に支えられた産業の発達は、政治制度や人間性の完成という理想から解き放たれ、自立的かつ圧倒的な影響力を獲得していった。

いいかえれば、科学技術的進歩は、政治や人間の道徳的進歩に対する優位を獲得し、社会制度や道徳の自然科学化、技術化をもたらすことになったのである。そして一八五九年にダーウィンが『種の起原』を発表し、〈進化論〉で一世を風靡《ふうび》してからは、政治も道徳も、進化や遺伝をキーワードとする生物科学の圧倒的な影響にさらされることになった。

ヨーロッパ先進諸国の進歩は、大量生産された工業製品、また大量輸送手段（鉄道、蒸気船）、さらに機械化された軍事力（高性能爆薬、機関銃、砲艦）のなかに、すなわち産業革命以来の技術革新の成果のなかに、容易に見てとることができる。

一八八〇年代になると、内燃機関、電話、蓄音機、電灯が現れ、自動車のみならず、無線と航空技術は夢とはいえなくなった。資本主義的企業の内容と規模、経営に変化が現れた。金融資本の影響力が強化され、企業の大規模化に伴う管理部門の比重が増大し（ホワイトカラー層の出現）、さらには大衆消費市場の形成がみられるようになった。エネルギーも、蒸気から石炭へ、そして石油への転換をまぢかに控え、さらに遠くは電力を展望することもできるようになったのである。

誰しも分け前に与ることができた

工業化の発展は、工業地域への人口の集中、すなわち大都市、そして都市型生活を生み出した。一八七〇年代には、ロンドンやパリの人口は一〇〇万人を超えた。都市の夜は街路のガス灯や電灯に照らされ、人々はオペラハウスやカフェに集《つど》い、百貨店のきらびやかな商品には、ユートピアの断片が映し出されていた。もちろん、こうした工業化、都市化は、資本家階級と労働者階級の階級対立を激化させるとともに、その中心的階級対立のまわりに、経済的、社会的、文化的、政治的に、複雑な階層分化、多様な集団形成を生み出し、経済的、社会的紛争を引き起こした。

しかし、あまり過大評価はできないとしても、十九世紀末の先進的なヨーロッパ諸国においては、労働者、職人、小規模自営業者、小農民なども、時代の富と文化の分け前に与《あずか》ることができた。とくに、一八七〇年のプロイセン、フランス間の戦争以来（一八七一年のドイツ統一以来）、ヨーロッパは一九一四年の第一次世界大戦に至るまで、一八七三年からの深刻な不況はあったにせよ、いわゆる「平和の四十年」の繁栄を享受することができた。

ヨーロッパ先進諸国は、周知のように一八八〇年代以後いわゆる「帝国主義の時代」を迎えるが、ヨーロッパの城壁内においては、人々の生活がこぞって底上げされたことは間違いがない。先進諸国では、すでに飢餓はほぼ克服されていた[4]。

十九世紀のヨーロッパ先進諸国民国家は、十八世紀の理念であった〈自立の個人〉による〈市民社会〉を実現した。といっても、市民社会は万人に平等に開かれたものではなく、市民とは「財産と教養」ある名望家（あるいは、もう少し広く取って中産階級）を意味していたことはいうまでもない。

上層、中層の企業家や商人、銀行家、開明的な土地貴族、大学教授や判事や医師、市長や駅長。多くの中、小都市において、その都市の文化の中核を担《にな》ったのはこうした人々からなる市民社会であった。十九世紀の自由主義・市民的芸術・学問を支え、生活に秩序を与えたのは、ようやく時代の主役に選ばれたこれらの少数の人々であった[5]。

シュテファン・ツヴァイクによれば、この時代に、「ヨーロッパがこれほど強力で、豊かで、美しかったことはなかったし、これほど強くもっとよい未来を信じたことはなかった」。かれも述べているように、十九世紀の八〇年代を過ぎると、たとえば資本主義の最先進国であった大英帝国においては、賃金の上昇や労働時間の短縮とともに、労働者の生活を守るさまざまな社会立法が成立していった。ドイツにおいては、ビスマルクによって社会主義者の鎮圧と引き換えに、今日の福祉国家の先駆となる社会保険制度が導入された。

政治的には……

政治的進歩、政治的平等についてはどうであったろうか。

一八七〇年代になると、ヨーロッパ先進諸国においては、政治的民主化、具体的に言えば男子選挙権の拡大（また選挙区の改定）は避けられない勢いとなっていた。イギリスは一八六七年に第二次選

シュテファン・ツヴァイク

挙法改正に踏み切り、一八八四年の第三次選挙法改正で、事実上男子普通選挙といってよいものを実現した。

マックス・ヴェーバーはこの第二次選挙法改正後のイギリス政治のなかに、古い名望家的「代議士支配の牧歌的状態」が終焉《しゅうえん》したことを、すなわち人民投票的な大衆民主主義の時代が到来したことを、不可逆な歴史過程として考察している[6]。十九世紀末までに、イギリスのほか、フランス、ドイツ、スイス、デンマーク、ベルギー、ノルウェーに、広範な参政権を認めた選挙制度が存在することになった。

しかしやがて、十九世紀後半のこうした国民国家、市民的秩序のなかで育った人々は、二十世紀に入って、二つの世界大戦の激動のなかで、「平和の四十年」を回想して、何よりもユダヤ人として故郷を追われた当のツヴァイク自身がそうであったように、強いペシミズムに襲われることになる[7]。

2 帝国主義と社会ダーウィン主義

野蛮の兆し

上層、中層の教養ある市民階級（ブルジョアジー）の回想のなかで、いわゆる「平和の四十年」は輝かしい時代であった。とくに、十九世紀になってようやく「財産と教養」ある市民階級への参加を認められたユダヤ人ブルジョアジーにとって、その後彼らを襲った過酷な運命を思うにつけ、この時代がいっそう輝きを増したことは当然であろう。

しかしこうした明るい進歩の時代の背景には、後に新しい野蛮を準備するさまざまな兆候が出没していた。ただそれが誰の目にも明らかになるには、史上初めての世界大戦の戦災と、一九三三年のナチ・ドイツの成立を待たねばならなかった。

野蛮と狂信が現実のものとなったとき、「善きユダヤ人ブルジョア」家庭の息子として戦前に青春を送ったツヴァイクは、一九四二年亡命の地ブラジルで、あの「安定の黄金時代」を「夢幻の城」に変えてしまった世界と、これ以上折り合いをつけて行くことを断念せねばならなかった。われわれはこれから、進歩と秩序の時代の地下を流れていた、新しい野蛮と退化の水脈を考察してゆくことにしたい。

アレントはいう

十九世紀後半のロンドンやパリ、ヴィーンに花咲いたベル・エポック（麗しき時代）を破壊し、二度にわたる世界大戦によってヨーロッパに全面的な崩壊をもたらしたものは何であろうか。

ハンナ・アレントは、二十世紀の全体主義（ナチ・ドイツとスターリンのソ連）を〈思想的に〉解明した名著『全体主義の起原』の第二部において、植民帝国主義を論じ、それは「国民国家崩壊の物語であって、それは後の全体主義運動と全体主義政権の台頭に必要なほとんどすべての要素を含む」ものであると述べている[8]。十九世紀の「進歩の時代」と二十世紀前半の「破局の時代」を橋渡ししているのは、まさしくこの帝国主義である。

アレントもいうように、帝国主義の時代とは、狭義においては、通常一八八〇年代半ばから一九一四年の第一次世界大戦の勃発までの三十年間を指す。帝国主義とは、当時の列強が世界に植民地を獲得しようとする政策、運動であり、その結果引き起こされる国際関係の緊張を意味している。

その分析で後世もっとも有名になったものは、革命家レーニンが一九一六年に発表した『資本主義の最高段階としての帝国主義』である。

レーニンの指摘

そこでレーニンは、先進資本主義諸国では、生産と資本の集中、つまり独占資本とそのカルテルが形成されていること、産業資本に代わって銀行資本の支配力が強まっている（金融資本主義）こと、独占資本は国内市場の飽和状態から海外に資本輸出をもくろみ、これが世界市場の分割、植民地獲得競争を生み出していることを指摘した。社会主義者からすれば、第一次世界大戦は、何よりもこうして帝国主義化した諸国の独占資本が、植民地争奪のために自国の政府、軍を動員した世界規模の戦争なのであった。

実際レーニンの帝国主義論にも示されているように、一九一四年までに、ロシアを含む六つのヨーロッパ列強、アメリカ、日本は、地球の全地表面積の約半分にあたり、世界人口のほぼ三分の一が住む地域を植民地化した[9]。とはいえ、今日の歴史学の水準でいえば、帝国主義をもっぱら経済関係から説明したり、ましてや植民地争奪戦という観点だけで第一次世界大戦の勃発を理解することはあまりに単純すぎよう。

先進諸国の資本投資が、国家を揺るがすほど植民地へ向けられたことはなかったし、イギリスにとってのインドなどを別にすれば、とくに後発のドイツやイタリアにとっては、植民地の領有はたいした現実的利益をもたらさなかった。にもかかわらず、それではなぜドイツや、日本のようにさらに遅れた国家までが、懸命に帝国主義の仲間入りを目指したのであろうか。

社会帝国主義

帝国主義の問題を考えるさい、資本輸出の問題と並んで重要な点は、帝国主義諸国の国内問題であり、現代の歴史学者が「社会帝国主義」として論じている問題である。すなわち、イギリスの帝国主義政治家セシル・ローズが、ロンドンの貧困街を横目にして、「帝国の問題とは胃袋の問題である。内戦を回避したいと思う者は帝国主義者にならざるをえない」と叫んだとされる問題である。

この考え方からすれば、帝国主義は、国内の経済的矛盾、またとくに旧中間層や下層民の鬱積《うっせき》した不満に、構造的、制度的な改革で答えるのではなく、外部へ向けたはけ口を与えるものである。過剰資本のみならず、過剰人口、とくに国内で己の社会的地位や収入に不満を募《つの》らせていた大衆は、自分たちに西欧白人帝国主義国家の一員としてのアイデンティティ、黒人や黄色人種に対する優越感を与えてくれる帝国主義を歓迎したのだとされる。

実際には帝国主義が、自国の過剰労働力をその植民地に送り出し、国内の不満を海外で解消したという証拠ははっきりしていない[10]。より重要なことは、帝国主義のイデオロギーは、膨大な大衆が、政治や社会の舞台に登場する時代を迎えて、ナショナリズム、また国家の正統性に新しいエネルギーを与えたという点である。

モッブ

若きドイツ皇帝ヴィルヘルム二世は、一八九〇年、「現実政治」家ビスマルクを失脚させ、「世界政策」を掲げて親政にのりだした。その背景をなしたのは、ドイツの世界的使命というあいまいな、だが大衆民主主義にのりやすいイデオロギーであった。

この種のイデオロギーにもっとも心酔しやすかったのは、アレントによれば、市民社会のあらゆる階層から脱落した「モッブ（mob）」（無頼の徒）であり、これに乗じて彼らを支援した一部の資本であった。アレントは、これまでの十九世紀の国民国家、階級編成された自由主義社会には考えられなかった、〈モッブと資本の同盟〉のなかに、帝国主義の生命力の源を見いだした。

ホブズボームも述べるように、植民帝国主義は、もともと、世界的規模で繰り広げられた経済の拡張と競争のほんの一面にすぎない[11]。

植民地を追求する帝国主義の背後には、国民経済相互間の競合の激化、ナショナリズムの強化、経済への国家介入、保護貿易主義、経済のブロック化という、より大きな時代の流れが存在した。とはいえ、植民地を獲得したいという衝動は、後発の、経済力の比較的弱い国家により強かった。とくに、遅れてきた国民国家であったドイツは、国内の大衆社会化状況の下で、新しい国家的威信をもとめていた。

　また、どの国でも、特定の資本グループ、海外貿易や原料を必要としている工業グループは、明らかに植民地の拡大を政府に強く迫り、帝国主義政策に支援を与え、機会があればモッブを利用しようとした。

　帝国主義はまた、文化現象であった。ここでとくに注目すべきは、西欧白人帝国が、アフリカやアジアの有色人種を、科学技術、工業製品、軍事力で圧倒的に支配したとき、それが、白人帝国内部に、とくにその大衆やモッブに及ぼした反作用、文化的影響である。国内のいわゆる大衆社会化は、帝国主義政策を促進するには、ある意味で最適な環境であった。帝国主義は、イデオロギーとして見れば、十九世紀的な安定した国民国家体制の腐食に、効果的な触媒を与えたのである。

大衆の出現

　二十世紀の社会を特徴づけるのは、当時の多くの思想家が着目したように、〈大衆（the masses）〉であり、〈大衆社会〉、〈大衆デモクラシー〉である。大衆とは、オルテガが『大衆の叛逆』で述べたように、十九世紀の、財産と教養ある、理性的な市民類型と対照的な、新しい、情動的、非合理的、集団的な、またあえていえば原始的な人間類型である。

　十九世紀産業社会の形成とともに、膨大な人口の増大、集中、組織化が進行し、人々は旧《ふる》い共同体（ゲマインシャフト）から解き放たれ、新しい利益社会関係（ゲゼルシャフト）の中に動員されるようになった。ブルジョアジーの解放は、次々により下の階層の解放を呼びだし、社会全体の欲望は限りなく解放されたが、すべての欲望が満たされない以上、不満もまた限りなく鬱積することになった。

大衆社会とは、こうした新しい類型に属する人々が、デモクラシーの時代を背景に、社会や政治の舞台に主役として躍り出た社会である。普通選挙の実施とともに、国民国家の政治は、もはや彼らの意向を無視しては何事も実現できなくなってきた。また産業社会に〈総動員〉された都市の人々のうち、とくに新旧中間層（職人、小商店主、店員、サラリーマン、下級公務員等々）は、労働組合のような堅固な組織に守られず、上に立つブルジョアジーと下から勢力を増すプロレタリアートに挟まれ、いわば「孤独な群集」として、経済的、社会的不満を鬱積させていた。

帝国主義を文化的現象としてみたさい、そのイデオロギーがもっとも浸透しやすかったのは、こうした新旧の中産階層であり、彼らの不満、怒り、劣等感は、世界における白人の優越を唱える帝国主義イデオロギーのなかに、カタルシスへの通路を見いだした。アレントのいうモッブ、脱落者や暴徒の群れは、中間層に限らず、こうした大衆的人間のなかから、生み出されて行った。

ダーウィンの衝撃

大衆向け帝国主義イデオロギーの中心をなしたのは、科学の権威をまとった社会ダーウィン主義であり、また白人種の優位を説く怪しげな人種理論であった。

一八五九年、生物学者チャールズ・ダーウィンは『種の起原』を発表し、ヨーロッパ中にセンセイションを巻き起こした。それは何よりも、キリスト教の教義（神による人間の創造）に真向から反していたからである。人間がサルやゴリラから〈進化〉したものであるかもしれないとすれば、かれは徹頭徹尾マテリアルな存在である。つまり後のニーチェの言葉でいえば、ダーウィンの進化論は結果的に神の殺害を意味し、これまでのヨーロッパの道徳を根底から覆《くつがえ》す可能性を持っていた。

いうまでもなく、十九世紀は神よりも科学の権威が勝っていた時代であり、ダーウィンの学説は多くの支持者を生み出した。十八世紀が〈進歩（progress）〉の理念の口火を切ったとすれば、十九世紀はこれを〈進化（evolution）〉という自然科学（生物学）の理論で完成したといってよい。

やがてダーウィンが、自然界の植物、動物について述べた進化の法則は、人間社会の原理としても捉えられるようになった。ダーウィンの進化論を社会に適用し、歴史の発展も生物進化の法則から説明しようというわけである。これを社会ダーウィン主義という。

社会ダーウィン主義の代表的理論家は、たとえばドイツにおいては、精力的なダーウィン学説の普及者、E・ヘッケルであった。

要するに弱肉強食

ヘッケルによれば、有機体と人間社会は同じ原理で説明できる。有機体が細胞から成るように、国家も市民から成る。また生物がたゆまず進化してきたように、人間の歴史も、より高い段階へと進む、自己完成への歩みである。国家や家族のために市民が払う自己犠牲の倫理は、生命を賭してヒナを助けようとする親鳥や、巣を守ろうとするアリが示しているように、人間固有のものではなくて、実はあらゆる動物界に見いだせるのである。倫理学は、自然法則という堅固な、揺るぎなき基盤の上に立てられねばならないとしたうえで、ヒューマニティの概念に反するかに見える、容赦ない生存闘争も人類にとって意義を持つのだとして、次のように述べている。

もろもろの人種間の闘争は、それ自体どれほど悲しいことであろうとも、そして、至るところで〈力が法に優越して〉いる事実がいかに嘆かれようとも、その闘争で勝利を収めるのは、平均してみれば、常により完成された、より改良された人間なのだと考えれば、われわれは、そこにより高貴な慰撫を見いだすことができる[12]。

しかし、もしも人間社会が生物世界の法則に従うのだとすれば、国内的にも対外的にも、勝利し支配する者は生物科学的な正当性、つまり淘汰に耐えた適者であるという証明を得るといえるかもしれない。工業と軍事力で世界を支配する白人帝国は、アジアやアフリカの有色人種よりも、生物科学的に優れている（進化の度合が進んでいる）のだから、支配者として植民地原住民を指導することは、正当な権利であるのみならず、負わねばならない義務（「白人の重荷」）でもあるということになる。

簡単に言えば、イデオロギーとしての進化の法則とは、弱肉強食に他ならなかった。たとえかれがヨーロッパにおいては、財産も教養も名もない下層平民であったとしても、植民地においては、白人種に属しているというだけで、劣等感の埋め合わせが可能になるというわけである。

ペダンティックで似非ロマン主義的な人種理論

帝国主義のイデオロギーとなり、ヨーロッパの教養俗物、半可通《はんかつう》の知識人の心をくすぐったのは、科学的な装いの社会ダーウィン主義のみならず、さらに、ペダンティックで似非《えせ》ロマン主義的な人種理論であった。

その代表は、ゴビノー伯爵の『人種不平等論』(一八五三—一八五五年)や、ラプージュの『アーリア人とその社会的意義』(一八八六—一八九二年)である。ゴビノーの書物は刊行当時は何の反響も呼ばなかったが、後に作曲家ワーグナーによって賛美され、ドイツで有名になった。ゴビノーの歴史思想の中核は、歴史を堕落、崩壊の過程としてみるペシミズムであって、その雰囲気は後にベストセラーとなったO・シュペングラーの『西欧の没落』(一九一八年)を思わせるものである。

ゴビノーは、人類を白人種、黄色人種、黒人種の三基本人種に分け、白人種の中のもっとも貴族的な分肢であるアーリア人こそ、先史時代から、これまでのあらゆる文明の担い手であったとした。アーリア人は肉体的な美と知恵を兼ね備え、他の民族を支配する能力と道徳を持ち、貴族政的支配システムを完成させた。

ゴビノーの考えでは、歴史や文化は、観念論者のいう理念(たとえばヘーゲル)や、唯物論者のいう下部構造(たとえばマルクス)によって規定されているのではなく、根本的に人種という生物学的基礎によって規定されている。しかし悲劇的なことに、アーリア人の支配の完成は、つねにその没落の開始であった。なぜなら、アーリア人種は、「世界中に支配を拡大し、確かに至るところに文化を広めたが、同時に至るところで人種混交によって物理的にその能力を消尽してしまい、自然の法則からして否応なしに、押し留め難き没落、崩壊に」[13]向かっているからである。

人種間の混血こそ歴史の没落の原因であるとするゴビノーの思想は、まったく衒学《げんがく》的なもので、ダーウィンの学説とは直接何の関係もないが、後年ワーグナーやヒトラーの反ユダヤ主義に芸術的インスピレーションを与えた。

また動物学者かつ自称歴史家のラプージュは、E・ヘッケルの影響を受けながら、頭蓋骨の縦横の比によって指標を設定し、長頭のアーリア人種の生物学的優越性を主張した。

ラプージュも、人種の混交を諸悪の根源とみなす。アーリア人種が、有色人種や、ことに浸透力に富むユダヤ人との血の混交によって脅かされていると考えるラプージュは、ゴビノーのペシミズムを超えて、必要な対抗処置を果敢に要請する。それはまず〈優生学〉的発想に基づき、アーリア的貴族人種を創造することであり、また有害な人々に断種を施し、そしてゲットーに隔離することである[14]。ひとはここに、後のナチズム人種思想の骨格が、ほぼ出揃っているのを見ることができよう[15]。

確認すべきは……

しかしゴビノーやラプージュの人種差別理論が、当時の思想、ジャーナリズム界の主流であったわけではない。社会ダーウィン主義は一時的に時代の脚光を浴びたものにすぎないといってもよい。たとえば、ナチズムを生んだドイツにおいては、支配階級を構成していたユンカー（土地貴族）や大臣、官僚や将軍たち、またブルジョアジーの間で、当時からこうした人種思想が渦巻いていたと考えるのは間違っている。アーリア人種の優越を歴史神秘主義から導出したり、反ユダヤ主義に固執することは、ドイツ皇帝ヴィルヘルム二世の〈黄禍〉論などと同様、教養ある市民から見れば、きわめてエキセントリックなものであった。

ただわれわれとしては、外見的には進歩の時代、産業主義と自由主義の時代である十九世紀の裏側で、帝国主義の時代風潮を受けながら、社会ダーウィン主義や人種差別主義が育ちつつあったこと、またそれらは、画家になり損ねてヴィーンで社会的脱落者として生活していたアドルフ・ヒトラーのような人物に、言いかえれば帝国主義的なモッブ予備軍に、この上もない精神的滋養を与えたのだということを確認しておきたいのである。

3 ドイツにおける反ユダヤ主義

ヴィーン、一九〇八年

富裕なユダヤ人家庭に育ったS・ツヴァイクが大学を卒業し、オーストリア＝ハンガリー帝国の首都ヴィーンで作家として希望に満ちた活動を開始したころ、すなわち黄金の安定時代を謳歌していたときのことである。同じこの帝都に、税関吏の息子としてリンツ近郊で育ち、美術大学の入試に失敗した十八歳の一青年が、死亡した両親のわずかな遺産と、なにものかに成ろうとする「不動の意志」を持って現れた。

一九〇八年のアドルフ・ヒトラーである。そして『わが闘争（第一部）』（一九二四年）によれば、ヒトラーがはじめてユダヤ人問題を意識し、反ユダヤ主義に目覚めたのは、このヴィーンでの数年であったことになる。

ヒトラーは、当時ヴィーンに集まってきた東方ユダヤ人の黒いカフタン（民族衣装）を初めて目にし、反ユダヤ主義政治家ゲオルク・シェーネラーやヴィーン市長カール・ルエーガーを知ることになった。

帝国主義時代のヨーロッパにおける反ユダヤ主義の台頭は、社会ダーウィン主義や人種差別主義と密接に絡み合っている。それでは、ヒトラーに、後のおぞましい大虐殺につながるアイデアを与えた近代的な反ユダヤ主義は、どのようにして十九世紀後半のヨーロッパに伝播してきたのであろうか。

迫害の歴史

近代的反ユダヤ主義の問題を考察する前に、われわれはまず、近代ヨーロッパにおけるユダヤ人問題の経過について一瞥《いちべつ》を与えておかねばならない[16]。ユダヤ人は、西暦七〇年に故郷パレスチナを追われて（ディアスポラ）以来、ヨーロッパのみならず、世界の各地へ分散して住みつくことになった。世界に分散していったユダヤ人の歴史は、一言でいえば迫害の歴史であった。ヨーロッパの領邦国家や自治都市、また近代の絶対主義国家は、ユダヤ人を決して領民ないし市民として受け入れなかった。かりにユダヤ人が領主に金品を貢《みつ》いで住むことを認められたとしても、それは決して安住の地ではなく、領主の命令によって一夜にして再び追放されかねなかったし、いつ近隣の農民や町民から略奪、暴行を受けるかもしれなかった。

その理由は、ユダヤ人がキリストの殺害に責任を負うとする宗教的立場からの反感である。また魔女狩りと同じ精神のメカニズムが働き、たとえば疫病や飢饉などが発生すると、その禍《わざわい》の原因を押し付けられ迫害された（ユダヤ人は井戸に毒を入れるとか、儀礼としてキリスト教徒の子供を殺すとかいわれた）。大規模なユダヤ人迫害と経済の悪化とは、中世や近代初期を通じてほぼ対応している[17]。

生物学的にいえば、ユダヤ人は多くの国々で、千年以上にわたる異族婚によって現地にとけこんできた。純粋なユダヤ人種を想定することは難しい。しかし宗教―文化的にいえば、かなりのユダヤ人が、こうした場合他の民族にはあまり例がないのであるが、迫害を受けても改宗して定住地の社会や文化に同化したりせず、都市の城壁の外部に、貧しい閉鎖的な共同体を形成し（後にゲットーとなった）、メシア思想を堅持し、戒律を遵守《じゅんしゅ》した生活を送った。「ゲットーはただ単にユダヤ人が閉じ込められた牢獄の象徴ではなく、彼らがみずからの信仰とタルムードの連続性を守るためにみずから引きこもった城砦の象徴でもある」[18]。

ヨーロッパにおいてユダヤ人はどこでも土地所有を禁じられ、職人同業組合や正規の商売から締め出されていたので、古着屋、質屋、行商人、金貸しなど、つまり流通業が典型的な職業となった。キリスト教界では、建前上、利子取得は隣人愛に反するとされていたので、とくに金融業はユダヤ人に活動の舞台を与えるとともに、シェークスピアの『ベニスの商人』のシャイロック像に典型的に見られる、ユダヤ人＝悪徳高利貸しというステレオタイプを生んだ。

やがて成功したユダヤ人金融業者、ロスチャイルド家に代表される大富豪たちは、国王や貴族に金を融資し、宮廷の財政に与るようになったが（宮廷ユダヤ人）、これはこれで年貢や戦費を支払う農民の恨みを買うことにつながった。当時の庶民の偏見からすれば、ユダヤ人は一方で汚い貧民窟に住む獣的な人々であり、他方、国王の宮廷に巣食って領民の収奪に一役買う金貸しということになるであろう。近代になっても、ユダヤ人に対する反感の典型は、宗教的かつ経済的なものであった。

啓蒙思想とユダヤ人解放

権利なき放浪のユダヤ人という社会的境遇は、十八世紀後半、啓蒙思想が時代の流行となり、革命が勃発した時代のなかで、大きく変化してゆくことになった。ここに、解決されるべき課題として、初めてユダヤ人「問題」が発生したのである。とはいえユダヤ人の解放は、それぞれの国家内部の社会改革の度合に応じてきわめて多様であった。

一般的にいえば、ユダヤ人の解放は、当該社会全体の改革、とくに市民階級の解放と並行していた。したがって、後に反ユダヤ主義のユダヤ人攻撃は、必ずといってよいほど反近代、反解放思想という特徴を持つことになった。

大革命の結果、若干の躊躇《ちゅうちょ》はあったものの、フランス国民議会は一七九一年十一月の憲法で、国内のすべてのユダヤ人に、即時、無条件に社会的、政治的平等の権利を与えた。しかし、ドイツにおいては、市民階級の解放の遅れにともなって、ユダヤ人の問題の解決は紆余曲折《うよきょくせつ》を辿《たど》り、その完全な法的平等が実現されたのは十九世紀後半になってからであった[19]。

ドイツ諸国においては、ユダヤ人の解放、法的平等の実現は、〈上から、しかも徐々に〉進み、完成するのは一八六〇年代になってからである。しかし啓蒙主義とフランス革命の影響によって、十九世紀になると、自立した職業と社会的尊敬を得るようになったユダヤ人家族は、次々とキリスト教に改宗し、市民社会の一員としての権利を獲得していった。これらのユダヤ人を、東欧やロシアで貧しい農村生活をする数百万の東方ユダヤ人に対して、西欧ユダヤ人という。

たとえばカール・マルクスは一八一八年にラインラントのトリールで生まれたが、マルクス家（父親は弁護士、祖先は由緒あるラビ、つまりユダヤ教の教師）は典型的な改宗・同化ユダヤ人であった（デュッセルドルフのハインリヒ・ハイネ家も同じである）。

ラインラントがとくに自由主義的であったということはあるにせよ、マルクス自身は自分がユダヤ人であるという自覚をほとんど持たなかったし、同化した豊かな西欧ユダヤ人にとって、十九世紀はそうしたことが可能になった時代であった。

しかし奇妙なことに、少数派としてのユダヤ人の解放が実質的なものとなった後に、一八八〇年代後半くらいから、折りからの社会ダーウィン主義や人種思想と絡み合って、また帝国主義の時代を背景に、新しい反ユダヤ主義がドイツやオーストリア＝ハンガリーの両帝国を起点に生まれてきた。

Antisemitismus

近代的な反ユダヤ主義を表すAntisemitismusという言葉は、ドイツの反ユダヤ主義著述家、ヴィルヘルム・マルが初めて使ったとされる（正確には反セム主義と訳すべきであろうが、訳語として定着していないので反ユダヤ主義としておく）。

反セム主義の基になるのはセムという言葉であるが、これは十八世紀後半に、インド＝ヨーロッパ、インド＝ゲルマン、アーリアという言葉と並んで、言語学の語系をあらわす用語として使われた。これが民族学、次いで人種理論へと伝播し、しかも人種的価値の上下関係を意味するようになったのである[20]。

当時の反ユダヤ主義の書物、パンフレットは大変多いが、とくに有名なものは、その販売部数からしても、先に挙げたマルの『ゲルマン民族性に対するユダヤ民族性の勝利』(一八七三年)、オイゲン・デューリングの『諸民族の存在、習俗、文化に対する人種的有害性の問題としてのユダヤ人問題』(一八八一年)、H・S・チェンバレンの『十九世紀の基礎』(一八九九年)などであろう。また有名な歴史家トライチュケの小冊子や、熱狂的なファンの多い作曲家ワーグナーのエッセイも、反ユダヤ主義を教養市民層に伝播するのに一役買った。トライチュケが唱えたスローガン、「ユダヤ人はわれらの不幸」は、ナチ時代にも盛んに利用された。

すべてユダヤ人のせいだ

ユダヤ人解放後のこれら新しい反ユダヤ主義の特徴は、それがもはやキリスト教の立場からする宗教批判ではなく、多くは〈無神論〉的立場から、そしてゲルマン民族性や生物学的な装いの〈人種理論〉の立場からのものであったということである。また新しい反ユダヤ主義の特徴は、明確な〈反近代〉であった。

反ユダヤ主義は近代の自由主義、資本主義がもたらした悪を強調し(人間関係の金銭化、古きよき共同体と道徳の解体など)、それをすべてユダヤ人の責任に転嫁したのである。その結果として、一八九〇年代になると、反ユダヤ主義は明確に、〈帝国主義的な国民統合イデオロギー〉として機能することになった。

マルはその著書の表紙に、わざわざ「信仰の立場からではない考察」と但し書きをつけている。マルによれば、ユダヤ人の典型は昔から悪徳商人、高利貸しとされるが、同時にかれらは「神権政的ファナティズム」をもって、「中近東の故郷で火と剣をもってしても達成できなかったことを」ヨーロッパで実現しようとしている。ユダヤ人はヤハヴェの神との「業務契約」に基づき、「自覚的かつ典型的なリアリズム」をもって、「すべての非ユダヤ人を抹殺する義務」を遂行しているのだ[21]。

とはいえユダヤ人の破壊的な活動は実際には宗教などではない。それはユダヤ民族による他民族支配、すなわち「生存闘争」に他ならないのである[22]。「数百万のユダヤ人が沈黙のうちに考えている」ことは、「セム民族には世界支配がふさわしい」ということなのだ[23]。そしてマルは怒りを込めて、今日のドイツ社会がすでに救いがたくユダヤ化されていると断罪するのである[24]。

デューリングも同様な怒りをぶちまける。「ドイツ精神は現在なぜそれ自身においてかくも気味悪いものになっているのか。それは、ドイツ精神が宗教においてのみならず、精神生活やとくに文芸において、みずからを忘却し、みずからをユダヤ民族に売り渡してしまっているからである」[25]。

そしてアーリア人種の精神的、肉体的優秀性を褒めちぎり、反対にユダヤ人の劣等性をののしった後で、デューリングはユダヤ人問題を解決するために、公職（とくに立法と司法）に就くユダヤ人の数を制限すること、法律によって新聞や出版の世界からユダヤ人を遠ざけること、ユダヤ人との婚姻の禁止などを要請している[26]。

チェンバレン

さらに、ドイツの教養階級に、反ユダヤ主義や「人種的神秘主義」（G・モッセ）[27]を伝播させるのにもっとも功績があったのは、ワーグナーの死後かれの娘婿となった英国人チェンバレンである。ヒトラーはチェンバレンの神秘主義には批判的であったが、一九二七年にかれが死んだとき、わざわざ葬儀に参列している。

チェンバレンはワーグナーゆずりの歴史ロマン主義者で、ナチ・イデオローグのローゼンベルク（『二十世紀の神話』）と同様のペダンティックな素人論議を繰り広げた。かれの主要な関心は政治や経済ではなく文化的なものであり、ドイツ精神性の世界的意義に向けられている。

簡単にいえば、ギリシャやローマ、偉大な古代世界の継承者であるアーリア人種は（イエスもアーリア人種であったとされる）、これまで悪魔のユダヤ人種との戦いを展開してきたが、いまやそれが生死を賭した闘争段階に入っており、アーリア人種の勝利は精神の革命、新しいアーリア的文化の創造による世界の救済につながるというのである。「こうしたマニ教的世界観は、伝来のステレオタイプ的なあらゆる偏見に、時代にフィットした根拠付けを与えた。それは《ユダヤ人問題》を世界の解明原理へと高め、政治的救済論の性格を持っていた」[28]。

チェンバレンの書物は確かにかなり売れたが、ベストセラーとなったシュペングラーの『西欧の没落』（一九一八年）と同様、かくも半可通で膨大な書物が実際どれだけ読まれたのかはわからない。ただいえることは、「ナショナリズムを煽り、中間層の好みに合いそうな、文化批判的かつ反自由主義的な傾向」が「人種的反ユダヤ主義と結びつき」[29]、時代の雰囲気に幾分か狂信的な気配を持ち込んだことである[30]。

ユダヤ人にもいろいろあった

さて話を本節の最初に戻そう。

『わが闘争』によれば、ヒトラーがヴィーンで初めてユダヤ人問題に気づいたのは、当時ロシアでの迫害を逃れて、西ヨーロッパ世界に流入を開始した東方ユダヤ人の、黒いカフタンを着てあごひげをのばした、「奇妙かつ不潔な」姿を見たときであった。

カフタン姿のヴィーンのユダヤ人

東方ユダヤ人は、ポーランドやロシアの農村で、ユダヤ教の律法やタルムードの教えを守り、また独特のイーディッシュ語世界を形成していた。当時ヴィーンのユダヤ人人口は、この東方ユダヤ人の流入によって急増しており、八パーセント台に達していたから、反ユダヤ主義台頭の社会的条件はそろっていた。ヒトラーはかれらを見て、これも同じユダヤ人であろうかと疑ったが、それほど東方ユダヤ人は、西欧の市民階級に同化していたドイツ・ユダヤ人と異なっていたのである。

他方西欧のユダヤ人は、たとえばドイツにおいては人口の一パーセントにも満たなかったが（ただしユダヤ人のおよそ七〇パーセントは都市部に集中して住んでいた）、金融業、百貨店、出版、劇場経営、弁護士、医者、ジャーナリストなどの分野では、ドイツ人との人口比でいえば突出して多くの人材を輩出していた。つまり、流通、ジャーナリズム、文化産業に強かったのである。

またユダヤ系ドイツ人のうちには、アバンギャルドとしての社会主義に惹かれた左翼系文化人、政治家も多かった。『わが闘争』によれば、ヒトラーはやがて、ヴィーンの支配階層のなかに、また社会民主主義者の指導部のうちに、さらに有力な新聞ジャーナリズムや劇場支配人のうちに、目立ってユダヤ人が多いことに気づき、初めて反ユダヤ主義を真剣に考えるようになったのだという。

当時のヴィーンでは、反ユダヤ主義的なパンフレットや新聞を手にすることは容易であった。ヴィーンで出遭った西と東の対照的なユダヤ人像は、その後ヒトラーの頭脳のなかで、西欧の悪徳金融資本家と社会主義者、さらにロシアの革命家たちとの間には、ユダヤ人の世界支配への共謀が隠されているのではないかという妄想の火種となった。

シェーネラーとルエーガー

『わが闘争』にもあるとおり、ヒトラーが洗礼を受けた反ユダヤ主義政治家は、多民族国家であったハプスブルク帝国において、汎ドイツ的帝国主義政策を主張していたシェーネラーと、最大政党キリスト教社会党を率いて人気の高かった市長ルエーガーである。とはいえ、かれらは確かに反ユダヤ主義を唱えたが、反ユダヤ主義の専門家というわけではなかった。とくにルエーガーの場合、反ユダヤ主義は多分にご都合主義的で、下層大衆の人気を取るためのものでもあった。

ヒトラーは『わが闘争』のなかで、この二人の政治家から多くを学んだと述べているが、それは反ユダヤ主義自体のことではない。ヒトラーは、シェーネラーが原理的な思想家で、当時すでにハプスブルク帝国の崩壊を予測していたことを高く評価したが、同時にシェーネラーの運動が大衆を無視し、ブルジョアジーと議会に頼ってやがて影響力を失ったことを批判している。またヒトラーは、ルエーガーから大衆を魅惑する演説の革命的な作用や、賢い戦術家、実際的な改革者であることの重要性を学ぶとともに、かれが逆にシェーネラーのような原理的、根本的思想家でなかった点を批判的に考察している。

そこから導出される結論はただ一つであろう。すなわち、真に革命的な政治家は、一方で真の世界観を堅持しなければならないということ、さらに他方で、かれはブルジョアジーや議員など既成勢力を相手にせず、大衆に直接訴え、大衆の心に火をつける演説の能力を持たねばならないということで

（上）シェーネラー
（下）ルエーガー

ある。しかし、ヒトラーがこうした考察を徐々に深めていたころ、反ユダヤ主義の危険性を察知していた人は少なかった。

洪水の前

進歩と秩序の時代にあって、誰もが禍々《まがまが》しい地下の奔流が地上に滲出してくるなどと予測できなかった。社会主義者の多くも、反ユダヤ主義のような時代遅れの思想は、やがて消滅するに違いないと軽視していた。なんといっても、人々はまだ、ツヴァイクの言う「明らかな階層と落ち着いた推移とを持つ秩序づけられた世界」の余韻のなかで生きていたのである。

ユダヤ人で富裕な教養市民層に属していたツヴァイクは当時を回想し、ルエーガーにもふれてこう述べている。

あの古いヴィーンにおいては人々はよい生活をし、軽やかに心配もなく生きた。そして北方のドイツ人たちは、いくらか腹を立て、軽蔑しながら、ドーナウ河畔の隣人であるわれわれを見下していた。あの連中ときたら、「有能」で厳格な秩序を保つかわりに享楽的な暮らしかたをし、うまいものを食い、祭りや劇場を楽しみ、その上すばらしい音楽をやっている、というわけだった。……「共存共栄」というのが有名なヴィーンの原理であり、……その原理はあらゆる階層において、抗し難い確かな地位を占めていた。昔のオーストリアでは、相戦っても騎士らしくやった。新聞や議会で互いに罵り合うことはあっても、かれらはキケロばりの長広舌《ちょうこうぜつ》が終わった後では、その同じ代議士たちが親しげにビールやコーヒーをいっしょにのみ、君僕の間柄でつき合うのだった。ルエーガーが反ユダヤ主義の党派の首領として市長になったときでさえも、個人的な交際では少しも変化がなかった。私も個人的に告白しなければならないが、学校においても大学においても、あるいは文学においても、かつてユダヤ人としての障害や軽蔑を経験したことは少しもなかった[31]。

しかし変化は突然やってきた。

ドイツ・ユダヤ人の願い、奮闘にもかかわらず

第一次世界大戦が勃発したとき、ドイツ・ユダヤ人は、ドイツ人に負けず劣らず開戦の興奮に巻き込まれた。かれらの多くが実際にドイツ愛国主義者であったこともあるが、心理的にみれば、祖国ドイツの戦争に生命を賭けることによって、ドイツ人との同化をいっそう確実なものにできると考えた面も無視しえないであろう[32]。

およそ一〇万人のドイツ・ユダヤ人が軍に参加し、そのうち約七万八〇〇〇人は前線勤務に就いた。結果として約一万二〇〇〇人は戦場に散ったのである。当時のドイツにおけるユダヤ人人口はおよそ五五万人ほどであったから、かなり高い参加率であったことがわかる（開戦当時の帝国の人口はおよそ六七〇〇万人であった）。また戦時経済の責任者を務めたヴァルター・ラーテナウに代表されるように、多くの有能なユダヤ人産業家や学者も戦争遂行に積極的な役割を果たした[33]。

しかしドイツ・ユダヤ人の願い、奮闘にもかかわらず、戦争が予想に反して長期化し、国民生活に困窮の度が増してくるにつれて、そして敗戦後にはさらに急角度で、反ユダヤ主義が台頭してきた。すでに一九一六年には、軍内部でユダヤ人の数をかぞえたり、ユダヤ人兵士を「卑怯者」扱いする嫌がらせが散発し始めた。前線で負傷したヒトラーも『わが闘争』において、入院中、後方の兵站《へいたん》部隊では狡賢《ずるがしこ》いユダヤ人たちが仕事を放棄しているのを目撃したと書きとめているが[34]、これはもちろん、ドイツ兵士のなかですでに厭戦気分が漂っていたことを示す証拠とみることができる。

市民の収入が減少し、食料や燃料などの生活物資も不足し、他方ヤミ市場での法外な取引が目に付くようになると、旧くからのステレオタイプ的な反ユダヤ主義が、不満の鬱積した人々の心に甦《よみがえ》ってきた。戦前からの反ユダヤ的新聞やパンフレットは、ユダヤ人が戦争によって金儲けをしていると煽《あお》り立てはじめた。ユダヤ人は古来金銭欲の化身なのだから、というわけである。一方、反ユダヤ主義・ジャーナリズムは、実際に戦時利益が多く、かつユダヤ人のほとんどいなかったドイツの重工業についてはなにもいわなかった。

一九一七年二月に出された国防軍最高司令部代表の報告でさえ、次のように述べている。

都市において、ユダヤ人はあらゆる食料品やあらゆる生活必需品で儲けている。地方では、家畜、麦わら、ジャガイモ、穀物などの購入のさい、家畜売買団体や多くの軍需会社の仲買人として、ほとんどいつもユダヤ人が所有者と対立している。ユダヤ人は労せずに、安全に法外な手数料をくすね取っているのだ[35]。

確かにユダヤ人の商業関与率は高かったが、かれらが戦争経済によって不当な利益を得たという事実はない。

全ドイツ連盟

ドイツにおける二十世紀初頭の反ユダヤ主義を代表する団体として、「全ドイツ連盟（ADV）」が挙げられる。これは一八九四年に設立され、そもそもの目的は、ドイツ民族のうちに急進的なナショナリズムを醸成し、ヴィルヘルム二世の世界政策をさらに右から支え、いっそうの膨張主義権力政策をめざすというものであった[36]。

全ドイツ連盟は帝国主義的ショーヴィニズムを代表したが、もともとは反ユダヤ主義を採っていなかった。しかし一九〇八年に指導者となった、マインツの法律顧問官ハインリヒ・クラースや、その後指導部に登場したバイエルンの退役将軍、ゲープザッテル男爵のもとで、連盟は狂信的な人種イデオロギーを採り入れ、急速に反ユダヤ主義を標榜することになった[37]。

かれらの手にかかると、今回の戦争は単に世界の覇権をめぐる列強間の闘争ではなく、人種と世界観をめぐる戦いであり、善と悪の、英雄精神と商業精神の、アーリア民族性とユダヤ民族性の戦いであるとされる。そうなると敵は外部にいるだけではない。社会民主主義者や自由主義者、カトリックは政治的な、ユダヤ人は人種的な〈内部の敵〉であると宣言されることになった。

バッタの大群のように

反ユダヤ主義はイデオロギーとして、常に共同体の結合を強化する接着作用をもっていた。国民生活が混乱し、将来への不安が深刻であればあるほど、反ユダヤ主義はいっそう狂信的で過激なものになる。

戦争末期に和平への動きが現れると、クラースやゲープザッテルは、勝利による平和こそ汎ドイツ的で、戦争目的の放棄を含む平和は敗北主義であり、同時に汎ユダヤ主義であると叫んで、戦争の継続を主張した。さらに全ドイツ連盟は反ユダヤ主義の絶好のターゲットとして、東方ユダヤ人問題も利用した。

ヒトラーがヴィーンにおいて黒いカフタンを着た不潔なユダヤ人に違和感を感じたこと（そう感じたのは彼だけではなかったが）については既にふれたが、一九一七年のロシア革命によって、さらに多くの東方ユダヤ人が西側へ亡命を開始した。戦時にドイツ国内に逃れてきた東方ユダヤ人の数は七万人ほどであるが、そのなかには戦時の労働力不足からポーランド人と共に国内に連行された約三万五〇〇〇人も含まれていた（一九一四年以前からドイツに来ていた東方ユダヤ人はおよそ八万人だから、総計一五万人になる。戦後このうち三万人以上がアメリカに渡った。一九三三年ナチが権力を掌握した時点で、約九万八〇〇〇人の東方ユダヤ人が国内にいた）[38]。

全ドイツ連盟らの活動家は、モンゴル人化した六〇〇万の劣等人種がバッタの大群のようにドイツに殺到していると叫んで、国民の人種的不安感を煽った。かれらはドイツの民族性を破壊するために、ボルシェヴィキが放出した連中だというのである。プロイセン政府はついにポーランド人、ユダヤ人の入国を禁止し、国境線を閉鎖せざるをえなかった[39]。反ユダヤ主義の宣伝はかなりの影響力を持っていたのである。

ドイツ民族防衛同盟

大戦が労働者のストライキや兵士の叛乱によって突然の敗北を迎えてから、ドイツ国内には、多くの準軍事的な団体、結社が雨後の筍《たけのこ》のように発生したが、同様に準軍事的な共産主義者を除けば、反革命義勇軍に代表されるように、ほとんどは民族主義的、帝国主義的、そして反ユダヤ主義的であった。

これらの団体は右翼的なブルジョアや軍から支援を受けたが、構成員の多くは大戦が生み出した戦士的人間であり、一部は間違いなくモッブ、社会的脱落者の集団であった。その直接性、戦闘性、野蛮性において、これら集団は明らかに十九世紀のビスマルク体制下の政治文化とは異質であった。ヴァイマール体制初期の反ユダヤ主義の過激化を考える際には、当時最大の反ユダヤ主義団体となった「ドイツ民族防衛同盟(Deutschvolkische Schutz-und Trutzbund)」(DSTB)について述べておかなければならない。

以下少し、この組織を見ておこう[40]。ドイツ民族防衛同盟結成の中心は全ドイツ連盟のクラースやゲープザッテル、さらに狂信的な反ユダヤ主義闘士アルフレート・ロートであった。かれらは四分五裂になっていた多くの右翼、反ユダヤ団体を寄せ集め、一九一九年二月にバンベルクでかれらのいう〈ユダヤ人共和国〉に対する闘争を宣言した。その際クラースらは、大衆運動を裏から操れるように、

「二重組織」を構成した。すなわち、一方で同盟は反ユダヤ主義の政治―宣伝組織として大衆的なキャンペーンを展開したが、同時にその背後に、フリーメーソンに範を求めた秘密組織も準備されたのである。

表の組織は、集会、新聞、出版、演説会をかなり精力的に展開し、一九一九年時点で三万人の構成員を一九二二年には二〇万人にまで拡大した。指導部には右翼大ブルジョアのほか医者や学者などの中流階級が多く（財政支援）、一般構成員には、郵便配達員、駅員、小学校教師などの下級公務員、また小売業者や小商店員、職人などが多かった。労働者階級の構成員は皆無といってよい。その組織によって売り出された三つの有名な文書（『血に対する罪』、『シオン賢者の議定書』、『ユダヤ人の罪状読本』）については後にふれることにしたい。

新聞論説や演説会には、後に利子奴隷論でヒトラーに影響を与えたゴットフリート・フェダーや、やはりヒトラーの同志となったディートリッヒ・エッカートらが登場した。各地の集会は数百人から数千人までの聴衆を集めることができ、一九二二年にA・ロートがベルリンで六〇〇〇人の聴衆を前に行ったように、しばしばユダヤ人へのポグロムが教唆された。また同盟は、エーアハルト旅団のような反革命義勇軍、多くの在郷軍人会、国防団体などと密接に連絡を取り合っていた。

暗殺

裏の陰謀家組織においては、ユダヤ人居住区、シナゴーグ（ユダヤ教会）、ユダヤ人墓地への攻撃、さらにユダヤ系要人の暗殺が画策された。たとえば同盟は、ドイツにとって有害なユダヤ人とその仲間の人物リストを作成し、民族の名による報復を呼びかけた。実際同盟は、愛国的なドイツ・ユダヤ人外務大臣ヴァルター・ラーテナウの暗殺（一九二二年六月）に関与したことによって非合法化され、解散を余儀なくされたのである。

同盟の活動禁止後も、指導部は新しい政党、「ドイツ民族自由党（Deutschvolkishe Freiheitspartei）」を結成、一部は大ブルジョアを基盤とする右翼的な、ドイツ国家人民党（Deutschnationale Volkspartei）と融合したり、また後にはナチ党とも連携して国政選挙に登場した[41]。

しかしこうした反ユダヤ主義政党、団体は、一九二四年頃から共和国の政情が徐々に安定し、経済復興が軌道にのり始めるにつれて影響力を喪失していった。反ユダヤ主義は社会生活の背後に潜在化していったのである。

とはいえそれは消滅したわけではなかった。一九二九年の大恐慌によって国民生活が動揺を開始すると、反ユダヤ主義はナチズムによって息を吹きかえし、いっそうの急進性、野蛮性を発揮することになる。しかしわれわれは少し先を急ぎすぎたようだ。

第二章
ナチズム運動とヒムラー

ヒトラーとヒムラー（1929年）

1　世界戦争・世界革命の衝撃

小市民かつ大審問官

ヒトラーを取り巻いた側近たちのうちで、ハインリヒ・ヒムラーはおそらくもっとも人間的な魅力に乏しい人物であろう。かれには、自分を「最後のルネッサンス人」だとうそぶいたゲーリンクのふてぶてしさも、ゲッベルス特有の炎のごとき演説の才能もなかった。近視の鼻眼鏡、僅かなちょび髭、血の気のない顔色、中肉中背、神経質そうな肉体的虚弱タイプ。この男のどこに、自ら歴史の「情け容赦なき斬首刀」[1]たらんとして、数百万のユダヤ人をガス室に送った狂気が潜んでいるのであろうか。

ヨアヒム・C・フェストは、外見的には「悪の凡庸さ」（H・アレント）の代表としか見えないヒムラーの性格を、「小市民かつ大審問官」と規定している。まことに、ヒムラーのなかには、ギムナジウム教師のような几帳面さ、小心さと、眉一つ動かすことなく処刑を執行する大審問官の冷酷さとが奇妙に同居しているのである。たとえばヒムラーは、一方でユダヤ人の大量殺戮を命じておきながら、他方、親衛隊員には、ユダヤ人から、たとえ一ペニッヒでもくすねたら、死刑だと訓示をたれていた。

なぜこうした人物がヒトラーに接近し、第三帝国を親衛隊国家へ向けて改造してゆくことができたのであろうか。
本章ではまず、この男がナチズムに接近するまでの時代背景を述べることから始めたい。

「ヨーロッパの内乱」

ツヴァイクたちの謳歌した〈ベル・エポック〉を根本から壊滅させたのは、一九一四年夏に勃発した第一次世界大戦であり、その終局間際の一九一七年十月に勃発したロシア・ボルシェヴィキ革命であった。ヨーロッパはこれ以後、〈平和の四十年〉から〈戦争と革命の三十年〉、「ヨーロッパの内乱」の時代へ突入するのである[2]。

社会心理的に見れば、多くの証言が示すように、諸国民の大多数が戦争を「感情的解放と国民的団結の瞬間」[3]として熱心に歓迎したことも無視できない。

ドイツの開戦に感動したのはヒトラーのような〈モッブ〉予備軍だけでなく、マルクス主義を掲げていた社会民主党の多数派も同様であった。またそれは、フリードリヒ・マイネッケ、マックス・ヴェーバー、トーマス・マンのような、当代最高の知識人の理性にも陶酔を与えたのである。英国は幾分か冷静であったが、フランスでも事情は似たり寄ったりであった。

平和の四十年の安定した日常生活の背後に潜んでいた不満や憤り、孤独と倦怠は、戦争という世界史的かつ偉大な非日常性の顕現を触媒に、喪《うしな》われていた国民共同体感情を発火させたのである。とはいえ戦争への感激は、戦争がこれまでと同様、次の休暇までに終わるという確信に基づいていたのだが。しかし戦争は四年余にわたり、興奮はやがて深刻な幻滅に終わることになる[4]。

一九一八年末、ドイツに共和政への革命が勃発し、敗北が明らかになったとき、前線兵士の多くはこれを信じられなかった。実際、たとえば西部戦線についていえば、ドイツ軍は戦闘において一進一退の膠着《こうちゃく》状態を維持していた。

もちろん戦争を全体としてみれば、軍司令部の将軍ヒンデンブルクやルーデンドルフ自身が、精一杯責任を回避しながらも認めたように、ドイツには敗北への道しか残されていなかった。しかし前線兵士にとって敗戦は寝耳に水であった。そこでかれらの間には、ドイツは戦闘に負けたわけではない、叛乱を起こした社会主義者や臆病な平和主義者どもに、背後から裏切りの一撃を受けたのだとする右翼伝説が広がっていった[5]。

諸民族間の憎悪は新しい段階に入った

戦争は七百万の死者と数百万の傷病者、生活基盤の壊滅をヨーロッパにもたらして終わった。史上初めての世界大戦は、ヨーロッパ自由主義の前提である古きよき政治、社会、経済、領土の構造を根本から解体した。

領土的な問題は歴史地図を見れば一目瞭然であるが、それは少数派の民族意識という厄介な問題を引き出すことにつながった。

革命と敗戦によって帝国が崩壊し、東欧の政治地図は一変した。

ポーランドが国家を再建し、チェコスロヴァキアやハンガリー、セルビアやクロアチアが独立し、オーストリアは旧ハプスブルク領に縮小され、ドイツは帝国領土の八分の一を奪われた。国境線の大改定は、一方で敗戦国ドイツ、オーストリアの縮小を意味したが、他方でアメリカ合衆国大統領ウィルソンやレーニンの「民族自決」、「民族独立」原則を後ろ盾にしていた。しかし確定した国境線は必ずしも実態に合うものではなかった。

北のバルト海から南のアドリア海に至る地帯はもろもろの民族のモザイク状態であって、もしある少数派が民族意識に目覚め、分離や合併、独立を唱えれば、昨今の旧ユーゴ連邦と同様の紛争を惹起する可能性があることは明らかであった。実際、チェコスロヴァキアやポーランド領内には多数のドイツ系住民が残されたし、バルト海への出口に設けられた「ポーランド回廊」は東プロイセンを孤立させた。同様な問題は、ハンガリー、チェコ、ルーマニアなどの間にも持ちあがった。

そもそも国民国家の国境線と少数民族の点在という問題は、第一次世界大戦の引き金でもあったのであるが、皮肉なことに、問題の解決をめざしたウィルソンの原則によって、いっそう厄介なものになった[6]。

予期せざる即席の民主政——ヴァイマール共和国

敗戦の結果、ドイツ（オーストリアも）は帝政から民主政へと転換した。その際、一九一七年のロシアにおけるボルシェヴィキ革命のインパクトは事態の根底に横たわるものであった。一九一九年五月、レーニンらボルシェヴィキは、世界革命なしにロシア革命の成功はないとする立場から、その司令塔である第三インターナショナル（コミンテルン）を通じて、ドイツや新たに独立した諸国のコミュニストたちに、熱心に武装蜂起を呼びかけるに至ったのである。

一九一八年十一月のキール軍港の水兵叛乱をきっかけに、既に厭戦《えんせん》気分の蔓延《まんえん》していたドイツは、瞬く間に革命の嵐に巻き込まれ、皇帝はオランダに亡命した。国内権力の〈真空〉状態に乗じて、レーテ（労兵評議会）を結成していた社会主義急進派が、武装蜂起に決起したから、国内は内乱状態になった。

レーニンらの世界革命路線は、当時妄想だとはいえなかった。ドイツのみならず、ハンガリー等の東欧諸国でも、武力による共産主義革命が頻発したからである。

しかし革命に恐怖したドイツ国内の諸勢力は、官僚、国防軍、産業界、さらに右翼まで含めて、議会最大政党社会民主党を軸に結集し、前線から戻った軍や警察、さらに民族右翼的に編成された義勇軍によって叛乱を鎮圧した。

一九一九年、ドイツは連合国側とヴェルサイユ条約を結んだ。新しい憲法が作成され、社会民主主義者やリベラル派、国内少数派のカトリック中道勢力が主導権を握り、ドイツは帝政から民主的な共和国へと生まれ変わったのである（憲法制定会議が開かれたのはゲーテゆかりの文化的小都市ヴァイマールであったことから、この憲法をヴァイマール憲法、共和国をヴァイマール共和国という）。

しかし、ヴァイマール体制はボルシェヴィズムの脅威に対抗して形成されたものであった。確かに憲法条文は模範的でもあり、民主制を定めていたが、現実政治では初めから諸勢力の妥協という性質を持っていた。憲法起草者F・プロイス自身がいうように、ヴァイマール共和国は予期せざる即席の民主政だったのである[7]。

政権担当の準備なし——社会民主党

突如体制の中核になった社会民主党は、これまでは帝国の巨大な抵抗政党であって、政権担当の経験がまったくなかった。ドイツに初めて誕生した議会制民主主義は、社会民主党、国内少数派のカトリック勢力に担われた中道の中央党、そして自由主義的な民主党の連立政権として出発した。

しかし想像を絶する国民生活の困窮、秩序の混乱、ヴェルサイユ条約へのルサンチマンが渦巻くなかで、フリードリヒ・マイネッケやトーマス・マンのように「理性の共和主義者」に転換した知識人はいたものの、共和国は左右の過激派からは攻撃を受け、帝政以来の権力集団である国防軍や官僚団、そしてその背後にいるユンカーや大ブルジョアからは、冷ややかな支持を受けただけであった。

ヴァイマール共和国およびヒトラーと初期のナチズム運動の歴史については、簡単に入手でき、読みやすくかつ要を得た書物がある[8]。簡単にいえば、ヴァイマール共和国の歴史は約十五年であっておおよそ三つの時期に区分できる。

①共和国成立に伴う動乱期……一九一八年の敗北から一九二四年夏まで。

②つかの間の安定期……一九二四年秋から二九年秋まで。

③崩壊期……一九二九年十月のニューヨーク・ウォール街の「暗黒の木曜日」(世界大恐慌)から一九三三年一月のヒトラー政権成立まで。

そしてナチズム運動にとっては、一九二三年十一月の、イタリア・ファシズムのローマ進軍に倣ったミュンヘンのビアホール一揆《いっき》とその挫折が、前期と後期を分ける分水嶺となる。一揆によってヒトラーはバイエルン政界では有名になったが、まだ当時ナチ党は一地方政党にすぎなかった。

ボルシェヴィズムはナチズムの先行者

ヨーロッパ社会でボルシェヴィキ革命は、直接の実現可能性が消えた後でも、一部の熱狂的な支持を除けば、一般には恐怖の体験として伝えられた。ロシア皇帝一族や貴族、富農層の処刑が伝えられたため、また共産主義は婦人共有制であるといった風評も手伝って、ボルシェヴィキのイメージは、世の人心を震撼《しんかん》させたのである。

ヨーロッパの社会（民主）主義者にとっても、資本主義以前のロシアの社会主義革命は、まさしく『資本論』に反する革命であった。かれらはマルクス主義者としても、ボルシェヴィキとは別の道を歩むことになった。

また伝統的な知識人にとって、ボルシェヴィズムはキリスト教的なヨーロッパ文明に対するロシア的野蛮と感じられた。たとえばカトリックの国法学者カール・シュミットは、ヨーロッパが革命以来ロシアの強力な眼光に晒《さら》されているとしたうえで、ボルシェヴィズムの危険な破壊力を、M・バクーニンに代表される無神論的アナーキズムがスラブ民族主義と結合したものと考えたのである[9]。

しかし逆説的ではあるが、革命のためにレーニンが考案した（『何をなすべきか』）前衛党モデル、ピラミッド型の準軍事的革命組織、さらにそうした政党による国家権力の掌握、一党独裁体制の構築という路線は、その敵であるヨーロッパの反革命、民族主義右翼グループにインスピレーションを与えた。

イタリアのファシズム、ドイツのナチズムはその双璧《そうへき》であるが、ムッソリーニの黒シャツ隊にせよナチの突撃隊にせよ、それらはコミュニストの前衛党モデルなくしては考えられなかったであろう。そしてファシズムやナチズムのオリジナリティは、この軍事的党組織に大衆運動を接合し、軍事的大衆組織政党を生み出したことである[10]。

こうした一党独裁（全体主義）をめざす軍事的な大衆組織政党は、明らかに第一次大戦以前の自由主義的ヨーロッパの知らないものであった。マルクスが規約（『共産党宣言』とされている）を書いた十九世紀半ばの共産主義者同盟などは、比較していえば子供の遊びといってもよいほどである。そして革命政党が国家機関を占拠し一党独裁体制をめざすという点で、ボルシェヴィズムはナチズム（ドイツ・ファシズム）の先行者である。

二度とかえらぬ……

こうした軍事的革命政党成立の背景にあるものは、端的にいって国民社会全体を覆った戦時体制のムードである。

史上初めての世界大戦は、同じく近代史上初めての〈総力戦（total war）〉として遂行され、国民生活の全体、経済、社会、文化のすべてが、戦争に向けて〈動員〉された。近代的な兵器による戦争の帰趨を決するものは、個々の軍隊の能力のみならず、軍事を支える銃後の国民経済、国民生産力であった。

必然的に、戦闘は戦闘員、非戦闘員の区別を消滅させた。銃後の国民生活の破壊は、最も効果的な戦果となったのである。イデオロギーも国民を動員する強力な戦闘力となったから、戦争の勝敗は敵の殲滅《せんめつ》にまで行き着く下地が準備されることになった。

そもそもレーニンによるロシアの社会主義、計画経済という発想自体、総力戦体制、統制経済モデルによってインスパイヤーされたものである[11]。共産主義とは戦時体制、統制経済の常態化といってもよいものであった。そして社会主義革命は挫折したとはいえ、戦後のヨーロッパ社会では、戦争と動員が国民生活に浸潤したままであった。

ツヴァイクがノスタルジックに回想した、安定した階層的な秩序あるヨーロッパは、もはや二度と戻ってこなかったのである。

塹壕の社会主義

世界革命、世界戦争がヨーロッパに与えた衝撃は、さらに時代の感性の面からも注目に値する。

数年間の戦争体験、とくに硬直した前線での体験は、戦後帰還した若い世代にとって〈塹壕《ざんごう》の社会主義〉として共有された。前線兵士として、青春の数年間を燃焼させた若い世代は、戦後の荒廃した日常生活のなかに帰るべき場所がなかった。運よく職に就いたり、大学に復学した場合でも、かれらは精神的にはもはや俗物的な日常性の中に拠り所を見いだすことができなかった。かれらは、「市民の家で野営する戦士」である他はなかったのである[12]。

知的に表現すれば、エルンスト・ユンガーの〈鋼鉄の嵐〉に代表される戦士的人間や、マルティン・ハイデガーの黙示録的な〈決意〉が、かれらの心情を代表することになった。コミュニズムやファシズムの持つ戦闘性こそ、こうした若い前線世代の感性にフィットするものであったのは当然といえよう。実際、たとえばナチズムのリーダーたちの多くは、ヒトラーやルドルフ・ヘスやヘルマン・ゲーリンクらに代表されるように、こうした前線体験者であった。

政治、社会思想においても、十九世紀以来のさまざまな潮流は世界戦争、世界革命の衝撃を逃れることはできなかった。一言でいえば、十九世紀における保守と革新という対抗軸はもはや意味をなさなくなったのである。ボルシェヴィズムという新しいイデオロギーが生まれただけではない。フリードリヒ・マイネッケは『ドイツの悲劇』において、十九世紀後半から主流となった二つのイズム、すなわち〈社会主義〉と〈ナショナリズム〉を指摘した上で、ナチズムのイデオロギーのオリジナリティはこの本来対立していたイデオロギーを接合したところにあると述べた[13]。

実際コミュニズムとナチズムには、世代の感性という点を超えて共通する要素があった。それほどの影響力を持たなかったとはいえ、ドイツ共産党およびその周辺には〈ナショナル・ボルシェヴィズム〉といわれる民族派が存在したし、ナチ党では、シュトラッサー兄弟を中心とする〈ナチ左派〉が一時強い影響力を持った[14]。

保守革命

保守主義はどうであったろうか。戦時総動員社会は、これまでの社会の階級構造に打撃を与えた。皇帝が逃亡し、帝国の軍隊が敗北した後では、土地貴族（ユンカー）や将軍たち、官僚団や上層ブルジョアの権威は失墜したが、逆に軍隊や戦時経済に動員された〈大衆の権力〉は誰もが無視し得ないものになった。そしてコミュニズムもファシズムも大衆運動であり、さらにいえば一部は明らかにモップの運動であった。

皮肉なことに、総力戦と敗北が、これまで潜在していたドイツの〈人民主権〉を露出させたのである。権力の正統性が王朝から国民へと転換することは、もはや誰も止めることができなかった。プロイセンのホーエンツォレルン家の再興はまったくの幻想であり、伝統的保守主義には依拠すべき現実的基盤は残されていなかった。政治思想としての保守主義は、もしも消滅を免れたいのであれば、リニューアルされるしかなかった。

コミュニズムへもファシズムへも共感を持たないが、同時に旧帝国の再興も断念した保守主義的心情は、失われた伝統、挫折した権力国家を新たに創造すべく、前線世代の感性と共鳴してそれ自体革命化したのである。これは「反動的モダニズム」(J・ハーフ)といってもよい[15]。ここに、国内小グループとはいえ、さらに大衆運動としての力を欠き知識人のクラブにとどまったとはいえ、後にA・モーラーが〈保守革命〉と呼んだ保守主義の革新が生じた[16]。

その代表的といえるものは、雑誌『タート』に結集した執筆陣であり、主筆のH・ツェーラーである。M・グライフェンハーゲンは、保守主義が合理主義や自由主義への批判を強化するだけでは済まなくなった事情を次のように述べている。

保守主義はしかし同時に、真の、保存すべきと考えられる社会状態との結び目が、既に解けてしまっていることを認めざるを得なかったから、一種の自暴自棄行為に打って出ることになった——つまり保守主義は革命化したのである。(中略)広く議論されているように、大事なのは次のことである。すなわち、新しきものが、といってもそれは旧きもののことなのだが、〈成長する〉ことが出来るように、現存の諸関係を完全に倒壊させ、取り片付け、土台をきれいにすることである。革命の目標は、過去の状態を未来において取り戻すことである。(中略)[後にナチに利用される『第三帝国』を書いたメーラー・ヴァン・デン・ブルックによれば——訳者]《……保守的であるとは、保守するに値するものを創造することである》17。

われわれは世界大戦、世界革命が、ヨーロッパ社会へ与えた衝撃を、国境線と民族問題、ヨーロッパ文明に対するボルシェヴィズムの脅威、世代的な前線体験、ボルシェヴィズムとナチズムの類似性、保守主義の革命化という面から考察してきた。十九世紀の政治思想のうち、世界戦争、世界革命のインパクトから比較的無傷であったのは、アングロサクソン的な伝統を持つリベラリズムであった。しかし残念なことに、リベラル・デモクラシーは、ヴァイマール・ドイツにおいて憲法の建前であったにもかかわらず、それを唯一代表した民主党の帰趨《きすう》が象徴するように、まったく人気がなく、激しい批判にさらされることになった。

右翼か左翼かわからない

ナチ党の正式名称は「国民社会主義ドイツ労働者党(NSDAP)」という。名前を見ただけでは、右翼か左翼かわからないことに示されているように、すでに当時保守—自由—革新というこれまでの軸は崩壊していた。

帝国の王室はすでになく、貴族やブルジョアは自信を喪失し、社会主義者も裏切り者として権威を失墜させてしまった。それに代わって、総力戦は匿名の大衆の権力、大衆の正統性を政治世界にもたらした。そしてそれとともに、モッブやその同伴知識人も堂々と舞台に登場することになったのである。ナチ党は群小グループの一つであったが、まさしく大衆とモッブの権力を背景にしていた。

ヒトラーは幸運にもバイエルン国防軍の連絡―情報係に雇われ、この党の前身である「ドイツ労働者党」と出会った。ドイツ労働者党は、先に見た「ドイツ民族防衛同盟」と同様の反ユダヤ主義団体の支援を受けていた反資本主義、反ユダヤ主義の小結社で、当時各地に群生した極小の反動的集団の一つであった。

やがてヒトラーは持ち前の演説の才能で、当地の政治集会で注目を集める弁士の一人となり、一九二一年夏からは、改名されたナチ党の指導を引き受けることになった。ヒトラーがヴェルサイユ条約や共和国の政府を攻撃し、反資本主義、反自由主義、反ボルシェヴィズムとともに反ユダヤ主義を強調したことは当然であろう。

とはいえ、当時のヒトラーの反ユダヤ主義のなかに、後年の絶滅政策への通路を発見することはできない。一九一九年九月時点のヒトラーの反ユダヤ主義を示す書簡によれば、ヒトラーは、ポグロムという形態で爆発する感情的な反ユダヤ主義ではなく、ユダヤ人の持っている権利を剝奪《はくだつ》するための、計画的、法律的な戦いを「理性の反ユダヤ主義」として重視している。その目指すところは、ユダヤ人をドイツの国民生活から「遠ざけること」なのである[18]。

ここで遠ざけるとは、ユダヤ人の強制国外退去、さらに外国人関連諸法の導入を意味するであろう。これらは一九二〇年に作成されたドイツ労働者党（後にナチ党）の綱領にも明記されている。実際ある時期までは、ナチのユダヤ人政策の基本は一貫して、法的権利の剝奪と国外追放であった[19]。

血を吸うヒル

ヒトラーは確かに「理性の反ユダヤ主義」を考えていた。しかしその政治活動の最初期から、かれが反ユダヤ主義をどれほど思考の中軸にしていたかは、一九二〇年八月十三日にミュンヘンのホーフブロイハウス大広間で行われた演説に見て取ることができる。これは一九六八年の『季刊現代史』に初めて掲載されたが、ここでは便宜上、その少し前の演説を伝える『フェルキッシャー・ベオバハター』紙（後のナチ党の機関紙）の記述から、ヒトラーの演説の内、反ユダヤ主義に関する部分を少し長いが重要なので引用してみたい。

ユダヤ人たちは自分たちを守るために、精神面では出版やフリーメーソンを利用し、肉体面では国際的労働運動を利用している。そうした運動の実際の指導者は、いかなる場合でも、今も昔もユダヤ人なのである。ユダヤ人は国家の内に国家を築いて暮らしており、略奪の遊牧民（ノマド）であるにもかかわらず最も民族的な人種である。民族性と宗教はユダヤ人のなかで相互に補完しあっており、それによってかれは世界支配に駆り立てられるのである。ドイツにおいてユダヤ人といえばかつては宮廷ユダヤ人であったが、今日においては人民ユダヤ人である。なぜならそれがかれの目的に役に立つからであり、いずれの場合においても、ユダヤ人は血を吸うヒルとして国民に取りつき、屍をつたって商売と政治に入り込むのである。世界支配を達成するために、ユダヤ人は次のことを追求する。

①諸国民から国民性を抜き取る。

②土地の没収。

③自営中間層の絶滅—公有化！

④国民の知識階級の根絶（ロシアを見よ！）。

⑤己の支配を永久に保証するために、出版や芸術、文学、映画などによって国民を白痴化すること。またそのために世論を混乱させ、帝国感情を破壊し、宗教的信念に対して戦いを挑み、分派活動を促進することなど。また道徳と習俗の破壊（ユダヤ人は常に少女売春業者である！　女性の公有化！）。金銭こそユダヤ人の愛と性格を物語るのだ！

⑥そして目的に至る究極の手段として階級闘争がユダヤ人の役に立つのである。労働者は、国際的株式—貸付資本を保護するために、手段として利用されるのだ。民族の連帯は破壊され、代わって国際的な連帯が約束される。……

東方ユダヤ人と西欧のユダヤ人の間にはいかなる違いも存在しない、実直であれ邪悪であれ、富者であれ貧者であれ、勇士であれ臆病者であれ。——戦いはただユダヤの人種に対して向けられる限りで意味を持つのだ。万国の労働者よ団結せよ！　というべきではない。戦いの叫びはこうでなければならない、万国の反ユダヤ主義者よ団結せよ！　ヨーロッパの諸国民よ立って自らを解放せよ！[20]

ヒトラーはここで、人種としてのユダヤ人を国民の血を吸うヒルであるとし、国際金融資本とボルシェヴィズムはユダヤ人に操られているとしている。明らかにかれは、『シオン賢者の議定書』のユダヤ人の世界支配という妄想を真に受けているのである。

さらにヒトラーはボルシェヴィキ支配のロシアから、知識階級の根絶という発想を得ていたことがわかる。これはおそらく、バルト系ドイツ人A・ローゼンベルクから得ていた情報であろう。後に『二十世紀の神話』でナチ・イデオローグとなるこの男は、同じ反ユダヤ主義者としてミュンヘンでD・エッカートに協力していたのである。

また知識階級の根絶というアイデアは、後にヒトラー自身がポーランドやロシア占領地区で情け容赦なく実行したことである（余談ながら、この悪魔のアイデアは、毛沢東の紅衛兵運動やカンボジアのポルポト政権にまで受け継がれたとみることができる）。

すでに述べたように、普通の国民にとって反ユダヤ主義は気分にすぎなかったから、国民の多数がヒトラーの演説を聴いたとしてもすべて信じたとは思えない。しかしドイツには、ヴィルヘルム二世の帝政以来、少数ではあるが信念の反ユダヤ主義者が、あたかも帝国主義的膨張主義の双生児のように成長してきていた。

ヒトラーの反ユダヤ主義が、こうした、たとえば全ドイツ連盟やドイツ民族防衛同盟などの影響を受けたものであることは、引用した演説からも明らかである。そして後にナチ親衛隊帝国指導者となるハインリヒ・ヒムラーも、そうした反ユダヤ主義の洗礼を受けた若者の一人として、ナチのビアホール一揆の渦に身を投じたのである。

2　ヒムラーという男

遅れてきた青年

ハインリヒ・ヒムラーは、一九〇〇年十一月、ミュンヘンで三人兄弟の次男として生まれた。父親はバイエルン皇太子家の家庭教師を務めたこともあるギムナジウム教師、教頭である。その縁で父親は、皇太子の息子と同じハインリヒという名前をヒムラーに与えることを許された。家族はみな敬虔なカトリックであり、暮し向きは上層市民階級のものであった。ギムナジウムで同級生だった後の歴史家G・W・F・ハルガルテンの証言によれば、ヒムラーは体育だけは苦手だったが、主要科目は優等生であったという[21]。

またハルガルテンの証言によれば、当時同じギムナジウムにはバイエルン貴族の子弟も入学しており、庶民出身の生徒はいやでもその身分差を見せつけられることになった。貴族の子弟たちは、制服の小姓たちにかしずかれて登校していたのだが、ハルガルテンによれば、親衛隊の制服は、色こそ違え、当時の小姓たちの制服と寸分違わないということになる。

ハルガルテンの推測によれば、上昇志向の強いギムナジウム教師の家庭に育ったヒムラーは、この時の経験から、古い貴族を打倒し、親衛隊を新しい貴族として形成しようという発想をえたのではないかということになる。そのことによってヒムラーは、身分差のもたらすコンプレックスを克服しようとしたのではないかというのである。

また、ヒムラーは貧弱な体格に似合わず、あるいはそれだからこそ、かねてより海軍軍人を志望していたらしい。かれは一九一四年の戦争勃発に興奮し、一九一八年一月、ついに十七歳でバイエルン歩兵連隊で士官候補生に志願したのである（近視のため海軍は不可）。

しかし、士官候補生の課程を修了し、ヒムラーが実戦に参加しようという直前、戦争は突如敗北に終わった。英雄的な戦闘に間に合わなかったこと、戦わずして帝国が崩壊したこと、これはヒムラーの心に大いなるトラウマを残した。

かれは戦後ミュンヘン工科大学で農学を学び、一九二二年に卒業（農学士）すると、化学会社勤めをしたが長続きしなかった。

かれは依然としてまだ見ぬ戦闘の世界に魅惑されていたのであり、その精神は、まさしく「市民の家に野営する」という表現がふさわしかった。

軍服に憧れ続けたヒムラーは、国防軍と連携して準軍事的団体の指導にあたっていたエルンスト・レーム大尉（後のナチ突撃隊幕僚長）と出会い、レームの指導する「帝国国旗団」の旗手として、ヒトラーのビアホール一揆に参加するのである。ヒムラーはレームの指揮する部隊の旗手として、国防省を占拠した。もちろん、当時ヒムラーはまったく無名の若者であったが、旗手であったため、その姿は写真に残されることになった。

バイエルンで暴力的に権力を掌握し、ベルリンの政府へ向けて進軍しようというヒトラーの目論見《もくろみ》は、バイエルン王党派の裏切り（ヒトラーから見ればの話だが）によって挫折し、小規模の戦闘の後ナチ党は敗走、ヒトラーもレームも投獄され（ゲーリンクは亡命）、ナチ党は禁止された（ヒトラーは獄中で執筆した『わが闘争』を、この時戦死した十六人のナチ党員にささげている。また政権掌握後の一九三四年六月三十日事件では、ヒトラーはこの時の恨みを晴らすため、当時かれを裏切った元バイエルン総監カールを射殺させた）。

校長と模範生

一揆の挫折後、ヒムラーは小者であったためか逮捕もされず、ルーデンドルフ将軍（かれも一揆に参加した）の右翼団体を経て、一九二四年五月の総選挙に出馬を企てていたグレゴール・シュトラッサー（後のナチ党左派の指導者）の秘書兼運動員となった。やがてニーダーバイエルンの村人たちは、オートバイに乗って宣伝活動に駆け回るヒムラーの姿をしばしば目に留めることになる[22]。

ヒムラーがヒトラーに直接会ったのは、ヒトラーが仮出獄した一九二四年末らしい。その時以来、ヒムラーはもろもろの迷いと決別し、ヒトラーをドイツの指導者として崇拝し、敗戦直前まで絶対服従の態度をとりつづけた。それは旧い時代のギムナジウムでの校長と模範生の関係を彷彿《ほうふつ》させるものであった。

さまざまな証言によれば、ヒトラーと出会ってから、ヒムラーは自室にヒトラーの写真を飾り、何時もその前でなにか祈りごとを呟いていたという。こうしたヒトラー崇拝の態度は、後にヒトラーとより親しくなってからも変わらなかったようだ。ヒムラーは、ヒトラーと話をするときは、電話でさえ直立不動の姿勢をとったという。

またヒムラーのマッサージ師ケルステンによれば、たまたまヒトラーからヒムラーへの電話を取り次いだとき、ヒムラーは実に大仰に、君が今話したのはヒトラーなんだぞ、君は何という幸運なんだ、帰って家族に報告したまえと、本気でかれに叫んだという。

後にヒトラーは、第三帝国の実質が親衛隊国家として形成されることを許したが、それはヒムラーの盲従的態度に負うところが大きいであろう。ヒトラーはその理念を実現するために、命令に絶対服従する暴力装置を必要としたのである。またヒムラーは指導者に盲従しただけではない。かれは親衛隊の名誉と道徳を「命令と服従」によって、すなわち盲従によって基礎付けたのである。

結婚

ヒトラーとの出会いとともに、この時期ヒムラーの前に、一度は平穏な市民生活への通路が開きかけたことがあった。すなわち、結婚と養鶏場経営である。

一九二六年、ヒムラーはにわか雨を避けようと入ったホテルで、美人とはいえないが金髪で碧眼の一人の女性に出会った。

彼女はヒムラーより八歳年上で、看護婦だったマルガレーテである。ヒムラーは彼女に一目ぼれしたのである。彼女が年長で離婚歴があり、またプロテスタントであったため、ヒムラーの家族は結婚に反対であったが、二人はそれを押し切って二年後に結婚した。

二人は、マルガレーテの財産を処分して、ミュンヘン近郊に養鶏用の土地と家を購入した。大学で遺伝と栽培を学んだ農学士として、ヒムラーはその後も強制収容所内に薬草園を運営したりしているから、後のゲルマン人種の品種改良という発想も、栽培や飼育という農学の延長線上にあるのかもしれない。

しかし結婚は長続きしなかった。二人は娘を一人もうけたが、ヒムラーは政治活動に熱中して徐々に家を空けるようになっていった。性格上の不一致がそれに輪をかけたのであろう。二人は正式に離婚はしなかったが、一年足らずで別居状態に入ることになったのである。

ノートを分析すれば

後の親衛隊帝国指導者ヒムラーを考えた場合、その初期の思想形成において重要な点は二つある。

一つは反ユダヤ主義であって、かれはそれを書物から抽象的知識として得たのである。いいかえれば、ヒムラーの反ユダヤ主義は、他の多くの反ユダヤ主義者と同様、なんら実際の経験に裏打ちされたものではなかった。また、かれの反ユダヤ主義は、歴史神秘主義とも固く結ばれていた点に特徴がある。

第二に農本《のうほん》主義の問題がある。ヒムラーは当時、ヨーロッパ東部にドイツ植民地を開拓し、都会の毒に汚されないゲルマン民族の新天地を創造しようという「アルタマンネン」（青年耕作隊というほどの意味）運動に共感し、実際その運動のバイエルン支部の指導者を勤めた[23]。そしてヒムラーはこの運動を通じて、「血と土」の思想家、後のナチ農業指導者兼食糧大臣、R・W・ダレーと知り合い思想的な影響を受けた。

ここでは農本主義の問題は後に残して、反ユダヤ主義の問題を簡単にみておきたい。ヒムラーの軍人への憧れは少年時代からのものであったが、反ユダヤ主義についてはどうだろうか。ヒムラーは神経質かつ几帳面な性格で、一九一九年から一九三四年までの読書ノート三冊を残しているが、そのなかにはR・ワーグナー、H・S・チェンバレン、D・エッカート、ドイツ民族防衛同盟の小冊子をはじめとして、多くの反ユダヤ主義文献への共感が記載されている。

ノートを分析したJ・アッカーマンによれば、ヒムラーはヒトラーの影響なしに、遅くとも一九二五年には急進的反ユダヤ主義、人種理論を身につけていたという[24]。ヒムラーの反ユダヤ主義は、その対立概念であるゲルマン民族、その古代的なあり方への関心とも結びついていた。『ニーベルンゲンの歌』やタキトゥス『ゲルマニア』の世界への憧れに熱く身を焦がしている様子がわかる。こうしてヒムラーは、幼年時代からのカトリックの影響から徐々に抜け出し、反キリスト教的な、古代の異教的な信仰の世界への興味に溺れはじめるのである。

それればかりではない。ヒムラーのスピリチュアリズム、オカルティズムへの嗜好も既に読書ノートに表れている。やがてヒムラーは、霊魂の不滅を確信し、死者との精神的コンタクトも可能であると考えるに至った。こうしたヒムラーのイデオロギーについては後にまた詳しく考察してみたい。

こうしてそれぞれ別個の人生行路を辿っていたヒトラーとヒムラーは、世界戦争と反ユダヤ主義の磁力に手繰られて遭遇し、その後約二十年にわたって主人と従者として、千年王国の建設、ユダヤ人のいない純粋ゲルマン民族の東方帝国を夢見て出発することになったのである。

3　ナチズムの権力掌握

ヒトラー出獄

人間の歴史は、一方からみれば必然的であって、多くの可能性があったように見えながらも、すべては成るべくして成ったのだと考えられる。自由な選択であると見えるものも、良く考えてみれば、それを選ぶしかなかったのだということになる。しかし他方、歴史はいくつもの偶然が折り重なったものだとみることもできる。いいかえれば、われわれが別の歴史を持った可能性はいくらでもあったといえる。

ナチ党の政権掌握についても、どちらの見方を強く出すかで説明の仕方は異なるものにならざるを得ないであろう。しかしわれわれは、ここで歴史の説明に多くの紙数を割《さ》くわけにはゆかない。ただ、ナチ党は政権を獲得するために、どのような運動を展開したのか、またいかなる状況がそれを可能にしたのか、さらにその際、反ユダヤ主義はいかなる機能を果たしたのかを簡単に確認しておきたい[25]。

ヒトラーが監獄（とはいっても実際は別荘なみの待遇だった）を出たとき、ナチ運動は分裂、解体状況にあった。運動の実権は、ナチ党左派を代表するシュトラッサー兄弟、また党の指導を離れたナチ突撃隊（SA）指導者たちが握るようになっていた。また地域的にも、ナチ運動の中心は、バイエルンよりも北ドイツやベルリンへ移っていた。

突撃隊は元々一九二一年に、ナチ党の集会を防衛したり、コミュニストとの街頭戦に出動する党の軍事部門として編成されたもので、多くは前線がえりの兵士や義勇軍上がりによって構成されていた。したがってヒトラーの第一の課題は、運動の指導権を奪還し、突撃隊を指導部のコントロール下に置くことであった。これは、党内においてヒトラーの絶対的優位、指導者原理を確立することを意味した。ヒトラーは、幾多の困難を克服し、このことに成功したのである。

ヒムラーは一九二五年、新生ナチ党の専従党員となり、バイエルンやシュヴァーベン地方の党活動に従事した。かれはシュトラッサーの秘書役であったが、当初からシュトラッサーよりヒトラーを崇拝していた。

似非合法の戦術

次の課題は、〈合法性戦術〉の採用である。ヒトラーはミュンヘン一揆のような武力革命を放棄し、議会で多数派を獲得して議会制を廃棄しようという、似非《えせ》合法の戦術に転換した。

権力を獲得するためには、重工業ブルジョアジーやユンカー、さらに国防軍を敵にまわすことは避け、可能な限りそれらの支持を取り付けねばならなかった。つまりナチズムの社会主義的な色彩はできる限り抑制されなければならなかった（シュトラッサーのような社会主義的左派を切る必要があった）。

また党のイデオロギーは、できる限り多くの社会層から支持をうるために、できるだけ曖昧に（たとえば、ナチはドイツ民族の再生、国民革命を目指すのだといったように）、どのグループにも支持されるように配慮されねばならなかった。後に見るようにヒトラーは己の信念である反ユダヤ主義でさえ隠蔽しようとしたのである。

しかしそのことは、ナチ運動が平和主義になったということではない。ナチは現体制の破壊を促進するための戦術も、常に併用したのである。「ナチズムは議会内においても、街頭においても、もろもろの対立をいっそう激しくし、世論の分裂を促進し、経済や議会政治の直面する困難に対して、もはや出口がないのだという印象を与える術《すべ》を心得ていた」[26]。

したがって合法性戦術とは、党の暴力性の放棄ではなく、戦術の柔軟性を意味したのである。そしてそれが可能であるためにも、ヒトラーは党や突撃隊への絶対的指揮・命令権を手中に収めねばならなかった。

魅力はあった

最後に、世界観の確立がある。ヒトラーは獄中で執筆した『わが闘争』（第一巻は一九二五年、第二巻は一九二七年刊行、後に合本）において、自分の世界観を初めて率直に展開した。この冗長な書物において、ヒトラーはナチが政権を掌握すればなにを実現しようとしているのかをあからさまに語ったのである。

戦術的柔軟性にもかかわらず、ヒトラーは実現すべき目標においてはまったく非妥協的なプログラムを提示していた。世界観上の自信に基づいて、ヒトラーは他の民族主義右派との安易な連携を回避し、後に政府に対する国民的反対派が形成されたときも、ナチ党のヘゲモニーが貫徹できるように最大の努力を払った。

ヒトラーのイデオロギーについてはまた後に考察するが、『わが闘争』は、大衆の時代のなかで、いかにして大衆を動員し操作するか、その宣伝と扇動の技術についてもあけすけに語っている。ナチズムは、大衆に依拠しながらも大衆を蔑視した運動であることを明らかにしたのである。

大衆運動とエリート主義との結合も影響して、ナチズムは旧中間層や社会的モッブのみならず、現状に飽き足らない大学生や大学教育を受けた知識層にも刺激を与え、若き指導者たらんとする多くの支持者を見いだした。

ナチ党員は一九三一年には四〇万人を超えたが、その内のなんと四〇パーセントほどは三十歳以下の若者であった。

同時期、三十歳以下の社会民主党員は全党員の一九パーセントであったから、ナチズムがいかに若い世代の運動であったかがわかる。ヒトラー集団はそれだけの魅力を持っていたのである。

あの男はドイツの歴史に、ある役割を演じるだろうか?

女優であり、映画製作にも手を染め初めていた若き日のレニ・リーフェンシュタールは、政治にはほとんど関心がなかったが、一九三二年二月、好奇心からベルリンの室内競技場で行われたナチ党の大衆集会に出席した。

立錐《りっすい》の余地もないほどの大聴衆のなかで、彼女はヒトラーの演説を初めて聞いた。

吹奏楽団がマーチを次から次へと演奏したのち、時間に大幅に遅れて、やっとヒトラーが登場した。観衆はぱっと席から飛び上がり、我を忘れて、「ハイル、ハイル、ハイル！」と叫んでいる。何分間続いたろうか。私はずっと後ろの席に座っていたので、ヒトラーの顔を見ることができなかった。叫び声が収まってから、ヒトラーが話しはじめた。「わが国民同胞たちよ」奇妙なことに、私はこの瞬間に、生涯忘れることのできない黙示録《もくしろく》的な幻影を見たのである。眼前に地表がぐんぐん広がっていって、半球をかたちづくる。すると突然、その真中がぱっくりと口を開き、そこからすさまじい勢いで水が噴出し、その力の激しいこと、天空に到達して、地球を震撼させた。身体が麻痺している。演説の中にわからない箇所が多かったのに、私はすっかり魅了されてしまった。連続速射砲が聴衆めがけてバンバン撃たれている感じで、大衆がこの男の虜になってしまっているのを感じた。

二時間後、私は寒さに震えながらポツダム通りに立っていた。この集会での興奮さめやらず、とてもタクシーを呼び止める状態ではなかった。感染してしまったことは間違いない。思いがけない新しい考えが突然念頭に浮かんだ。あの男はドイツの歴史に、ある役割を演じるだろうか？それがいい方向に向かうのか、悪い方向にか[27]。

こうした興奮にとらわれたのは、リーフェンシュタールだけではないであろう。ナチズムは反ユダヤ主義によってというよりも、断固たる政治的意志と黙示録的希望によってドイツ青年の心を捉えたのである。

ナチの権力掌握を可能にしたのは……

以上述べてきた点がナチズムの側からする権力掌握への努力であるとすれば、ナチの政権を可能にした社会的背景は、いうまでもなく一九二九年からの世界大恐慌である。一九三二年には失業者は六〇〇万人を超え、国民の記憶のなかで、敗戦時の天文学的インフレーションと飢餓状態が生々しく甦った。

さらに第二の外的条件として、ヴァイマール体制の諸政党は、議会政治の生命線である民主主義的な妥協、合意の形成といった政治手法に、まったく不慣れなままであったことが挙げられる。政府と議会の無策と混乱が続くとき、かねてからヴァイマール体制に好感を懐いていなかった多くの国民は、「民族の刷新」というナチの宣伝を選択したのである。

とはいえドイツ国民は一九三三年以前には、すなわち自由な普通選挙制度では、ナチズムに過半数の票を投じたことはない。

ナチ党の最大得票率が示されたのは一九三二年七月選挙であって、このとき三七・二パーセント（総議席数六〇六のうち二三〇議席で第一党）を獲得した。しかし同年十一月選挙では、得票率は三三・一パーセント（一九六議席）に下降しているのである。したがって、投票者の六三パーセント程度は常にナチを拒否していたのである。

ナチの権力掌握を可能にしたのは、ナチを利用しようとした保守派や民族主義右派の野心家、さらに国防軍の陰謀家、大統領ヒンデンブルクの側近たちである。

かれらをナチ支持に結束させた要因は、政局の混乱と並んで、一九三二年の選挙におけるドイツ共産党の躍進であり、ボルシェヴィキ革命への恐怖である（一九三二年十一月選挙で共産党は一〇〇議席を得た）。したがって一九二九年の恐慌が不可避であったといえるとしても、一九三三年一月のナチ政権誕生は、かなり偶然的な要素に左右されたものであった。

じつは目的そのもの

それでは、ナチズムの権力掌握にとって、反ユダヤ主義はいかなる役割を果したのであろうか。この点について歴史学者H・A・ヴィンクラーは次のように述べている。

ヒトラーは明らかに一九二〇年代後半には、次の点を正しく認識していた。つまり、もし〃合法的な〃方法で権力を奪取したいのなら、そのために必要な大衆の支持は、反ユダヤ主義的なスローガンによってでは獲得できない、ということである。一九三〇年から一九三二年までのヒトラーの選挙演説やナチ党の選挙声明において、常に弾劾されたのは、ヴェルサイユ条約、〃十一月の裏切者〃、国際的金融-投機資本、マルクス主義、そしてブルジョア的諸政党であった。――しかしユダヤ人について語られることは明らかに少なかった。……だがナチズム〃運動〃の聴衆が対象である場合には、ユダヤ人に対する闘争は常に中心的位置を占めていた[28]。

一九三三年一月にヒトラーが首相に就任することに手を貸した保守派は、ヒトラーの反ユダヤ主義的スローガンが、言われているほどには真剣なものではあるまいと、信じていた。しかしヒトラーにとっては、他の保守的右翼の扇動者たちとは異なり、ユダヤ人への敵意は決して目的に対する手段ではなく、常に目的そのものであった[29]。

ヴィンクラーが述べるように、ナチの政権掌握以前に、反ユダヤ主義の津波がドイツ国民を襲ったという証拠はない。街頭でユダヤ人が襲撃されることがあったとしても、それはナチ確信犯の仕業であった。一九三三年以前には、ユダヤ商店に対するボイコットを呼びかけても、決して広がることはなかった。しいていえば、ユダヤ人の経営する百貨店との競争に恐怖や不満を持っていた小売商店や、ユダヤ人の同僚が多かったアカデミーの世界、また大学生に、反ユダヤ主義の最強の培養土があったといえるくらいであろう。

しかしナチ党内においては、反ユダヤ主義は党員を結束させるイデオロギーとして決定的な重要性を持っていた。ヒトラーは『わが闘争』の第十一章「民族と人種」において、ユダヤ人は文化を破壊する「寄生虫」、「悪魔の化身」であると、口汚く罵《ののし》っている。かれらはブロンドの白人処女をかどわかし、混血によって血の純粋性を汚染するとともに、一方で国際投機資本を操ることによって、他方でボルシェヴィキのインターナショナルな破壊活動によって、ヨーロッパの支配を目論んでいるというのである。

信念の反ユダヤ主義者はヒトラーだけではなかった。A・ローゼンベルクの『二十世紀の神話』(一九三〇年)はもとより、J・シュトライヒャーの編集する俗悪新聞「シュテュルマー」(一九二三―

一九四五年）も、党内においては一定の地位を確立していた。ただしヴィンクラーも述べたように、こうした信念の反ユダヤ主義は、権力獲得までは、もっぱら戦術的理由から、前面に掲げられることは少なかったのである。

第三章

親衛隊国家のイデオロギー

親衛隊の幹部たち（1932年）

1　指導者国家

ヒトラー、首相就任

一九三三年一月三十日、ヒトラーは大統領ヒンデンブルクによって首相に任命された。

すでに一九三〇年のブリューニンク（カトリック中央党）内閣以来、ドイツの議会は自主的に多数派を形成して首相を選出することができなくなっていた。したがって憲法によって、議会に足場を持たない、大統領の首相任命権に依拠した内閣が続いていたが、ヒトラーの内閣も、同種の大統領内閣として形成されたのである。

しかもこの内閣では、ナチ党からの入閣はヒトラーを入れて三名のみであり、その他の閣僚は保守右派（国家人民党など）の勢力によって占められた。ブルジョア右派や保守的ユンカー層の代表たち、国防軍の政治担当将軍らは、政治秩序の混乱を鎮め、ボルシェヴィキ革命の脅威に対抗するため、ヒトラーを首相に任命し、その勢力をうまく利用しようと考えたのである。

かれらは猛獣を檻から出してしまった

ナチを操縦できるという保守派の自信は、しかしまったくの幻想であることが直ちに判明した。かれらは猛獣を檻《おり》から出してしまったのである。

政権獲得と同時に、ヒトラーは隠していた牙を剥き出しにした。ヒトラーは、二月二十七日の国会放火事件を利用し、「国民と国家を防衛するための大統領緊急令」を公布し、合法的に国家の警察力を使って（ナチ突撃隊も「補助警察」とされた）、まず共産党と社会民主党勢力の排除を企てた。さらに三月二十三日には、ヒトラーは共産党や社民党の一部議員を排除し、暴力による恫喝《どうかつ》のなかで「授権法」（正確には、「民族と帝国の困難を除去するための法律」）を成立させた。

これによって、緊急命令に基づく独裁体制が確立されたのであった。なぜなら「授権法」は当初三年間の時限立法であったとはいえ、政府は議会の議決なしに法律を公布でき、しかもその法律は憲法に違反することも許されるとされたのであるから。カール・シュミットの『独裁論』の概念を使って説明すれば、これは〈受任独裁〉であるが、すでに〈主権独裁〉すなわち革命独裁へと転化しつつある事態といえるであろう[1]。

政党に対する攻撃は左翼に止まらず、連立していた保守政党にも向けられた。六月下旬には、ナチ党を飼いならすのだと豪語していた保守右翼政党を含む、あらゆるドイツの政党が解散を強要され、七月には「政党新設禁止法」が出されたのである。

わずか半年の間に、ドイツの公共圏には一つの公認政党が存在するだけになった。

ドイツ帝国の統治構造についてみると、四月には帝国（ライヒ）と諸邦（ラント）を強制的に統一する「均制化法」が整備され、連邦制を基本とした分権的な統治構造は、帝国政府の一元的な支配に服する方向へ向かった（ラントは独立性を奪われ、中央から総督が派遣されることになった）。

また社会のさまざまな領域で、自立的な諸団体が解体され、国家の一元的な政治指導の下に編成され始めた。たとえば、労働組合はライの指導する「ドイツ労働戦線」に、さまざまな農業団体は「帝国農民指導者」ダレーに、文化・芸術・報道はゲッベルスの「帝国文化院」に、それぞれピラミッド型に統制されるようになったのである。

ドイツ帝国全体をヒトラーの一元的な支配体制の下に編成しようという計画は、法制度的に見れば、十二月に「党と国家の統一」が表明されて、ほぼその輪郭を明らかにしたといってよい。これはナチ党の国家化、国家のナチ党化の宣言である[2]。

ドイツの伝統とは異質なヒトラー

ナチ党のこうした国家「均制化」への動きは、一言でいえば全体主義国家への転換ということができるが、それでは、ヒトラー自身はいかなる国家像を持っていたのであろうか。

奇妙なことに見えるかもしれないが、ヒトラーは実は国家そのものにはそれほど重要性を認めていないのである（経済に対しても同じことがいえる）。ヒトラーにとって、国家は目的に対する手段にすぎないのであって、全体主義国家の理論を確立するといったことは関心の外にあった。ヒトラーはこの点では、ヘーゲルやロマン派、さらに官憲国家というドイツの伝統とは異質なのである。

ヒトラーが最も軽蔑したのは、ナチ国家を法学的に基礎付けようとしたO・ケルロイターやカール・シュミットには気の毒なことだが[3]、とりわけ法学者なのであった。

国家を目的に対する手段であるとしたヒトラーは、『わが闘争』の第二巻第二章「国家」において、次のように述べている。

それゆえ、民族主義国家の最高の目的は、文化供給者としてより高い人類の美と品位をつくりだす人種の本源的要素の維持を心がけることである。われわれはアーリア人種として、国家のもとに、この民族の維持を保証するだけにとどまらず、その精神的、理念的能力をいっそう育成することによって、最高の自由にまで導く民族のいきいきした有機体だけを考えることができるのである[4]。

最も神聖な人権はただ一つあるだけである。そして、この権利は同時に最も神聖な義務である。すなわち、それは最もすぐれた人類を保持することによって、人類のより尊い発展の可能性を与えるために、血を純粋に保つように配慮することである。それとともに民族主義国家は、人間とサルの間の生まれぞこないでなく、神の似姿を生むことを任務としている結婚に神聖さを与えるために、まず第一に、結婚を絶え間ない人種汚辱の水準から高めてやらねばならない[5]。

ヒトラーにとって、国家はアーリア人種の血の純粋性を維持し、もろもろの人種、民族間での戦いに勝ち抜くための道具であった。こうした考え方の背後にあるのは、十九世紀末の社会ダーウィン主義と人種的優生学の結合である。

一つの民族、一つの国家、一人の指導者

ヒトラーのこの章を読むと、人はおそらくプラトンの『国家』の議論を想起するのではないだろうか[6]。簡単にいえば、プラトンの国家がイデアの共産主義であるとすれば、ヒトラーの国家は血の共産主義であるといえよう。そして両者とも、国家の役割として最も重視しているのは、ほかならぬ教育なのである。

ヒトラーにとって、人種の純潔性を高めるための手段である国家は、「自然からそのための特別な才能を与えられた有能なものの指導」[7]によって、すなわち「貴族主義的原理」によって構成されなければならなかった。自由主義的議会制は、無能な大衆の代表を支配者につけ、人種の混交と同様、国家支配の混乱を招くしかないのである。

さらに、ドイツ国家の連邦制的編成は、国家の単一の意思決定を困難にし、国家主権を危機に陥れる可能性がある。一つの民族、一つの国家、一人の指導者が原則であらねばならない(『わが闘争』第二巻第十章)。ヒトラーは、多数決原理や連邦的分権が劣等者の支配にならざるをえないとして、それに代わって〈指導者原理〉を対置する。

> 最良の憲法と国家形式は、民族共同体の最良の頭脳をもった人物を、最も自然に確実に、指導的重要性と指導的影響力をもった地位につけるものである[8]。

民族主義国家は、地方自治体から始まってドイツ国の指導部にいたるまで、多数決によってこと

を決するような代議制はなく、ただそのときどきの選ばれた指導者に助言し、指導者から仕事を分担させられるような協議会だけがあるのだ［ヒトラーによれば、この協議会には、政治的なものと職能身分的なものがあり、両者の上に特別の参事会がおかれる――引用者］。それはその必要に応じて、なにか特定の領域においては、ちょうど大きな領域の場合そのときどきの団体自体の指導者や長がもっているのと同じような、絶対的責任を引きうけるためにあるのである9。

協議会も参事会も意見を述べることはできるが、決定は投票によらず、その議長の責任によって下される。そして最終的決定は常に、最高指導者一人の意思によっているのである。かかる〈指導者国家〉においては、絶対的な権威と絶対的な責任とが無条件に結合されていなければならない。

実際ヒトラーは、一九三四年八月に大統領ヒンデンブルクが死ぬと、首相と大統領を統合した官職〈指導者《フューラー》〉（「総統」と訳されている）を名乗った。権威は下へ、責任は上へというわけである。そしてそれぞれの職能的統合団体や政治組織の責任者は、同じく「指導者」をその役職名に付したのである（ナチ農業指導者、労働戦線指導者、ヒトラー・ユーゲント指導者、親衛隊帝国指導者というように）。

まったく自由に決断を

ヒトラー自身が認めているように、指導者国家は軍隊のモデルから由来している。世界史が人種、民族間の生存闘争の場であるとすれば、国家は常に臨戦体制をとっていなければならない。国家は軍事体制なのである。そして、もしも二つの集団が戦うとき、一人一人が優れた戦士である自由人の集団よりも、優れた単一の指導部と絶対的、盲目的に服従する部下を持った集団が勝利するのは自明である。

こうしてみると、ヒトラーの指導者国家は、ロシア・ボルシェヴィキの独裁と構造としてはよく似ていることがわかる。既にみたように、レーニンの社会主義とは、戦時体制の常態化として登場したものであったのだから。

ヒトラーが政権掌握一年にして目指した政治体制は、『わが闘争』の国家論を具体化しようとしたものであることがわかる。ゲルマン民族の意思を体現した一人の指導者が、職能的に編成された組織（労働、農業、青年、文化などの指導者）、また政治的な協議機構（ナチ党や国務大臣、将軍など）の助言を聞きながら、まったく自由に決断を下し得る体制がヒトラーの狙いであって、議会や法律、習慣や伝統は真の指導を危うくする拘束以外のなにものでもなかった。

ジャングルの法則

第二次世界大戦後、ソヴィエト・ロシアとナチ・ドイツを比較し、これらを自由民主主義体制の対極をなす政治体制、すなわち〈全体主義体制〉であるとする研究が進められた。C・J・フリードリヒの編集した論文集『全体主義』（一九五四年）や、ハンナ・アレントの『全体主義の起原』（一九五一年）の第三部がその代表的なものであろう。フリードリヒによれば、全体主義体制のユニークな特徴は次の五点である[10]。

①千年王国的な、完璧な社会を目指す唯一の公認イデオロギー、世界観の存在。

②その世界観の実現を目指す、厳格な位階制に基づくただ一つの党組織の存在。
③支配の道具である武力の、党ないし軍部によるほぼ完全な独占。
④効果的な大衆コミュニケーション手段（ラジオ、出版、映画など）の、支配グループによるほぼ完全な独占。
⑤外敵のみならず、内部の敵の恣意的《しいてき》選定、それに対する警察のテロ支配システム。

しかしこうした全体主義論は、その支配の統一性、完全性を強調しすぎているように思われる。ヒトラーは、ナチ・ドイツの全体を隙間なく彼の意思の支配の下におき、一枚岩の体制を創造したかのような印象を与えかねない。

ナチ国家が指導者の命令の下、ピラミッド型の堅固な支配体制を構築したというのは神話である。実際には、ヒトラーの指導者国家は、その形成期においては、下からナチ〈運動〉のラディカリズムを代表するレームや突撃隊と、政府権力との合体によって、上から体制の安定を目指すヒトラーや党指導部との間の激しい抗争に悩まされた（これは一九三四年六月三十日の突撃隊指導部粛清によって決着をみた）。

また「均制化」によるナチ国家の統一性について、その多元的構造を初めて体系的に明らかにした、M・ブロシャートの『ヒトラーの国家』（一九六九年）は、次のように論じている。

国家的な、半国家的な、またナチ党の政治的な、もろもろの制度と権限の縺れ合いが、国家—官僚機構と、ナチ運動の指導者原理を取りいれた私企業の諸団体との混合を誘発するとともに、国家と社会と党の間の境界線を流動化し、それらの間での、いわば全体主義的連合システムを生み出した。一九三三―三四年に成立した、体制の制度的な複合構造は、もろもろの勢力と活動センターの織りなす多元性（プルラリズム）を反映していた。それら勢力と活動センターはこの時期、影響力と権力の配分に関与し、新体制の本質や目標設定に対して、それぞれの特殊利益やイメージを貫徹しようと努めていたのである[11]。

後になっても、『わが闘争』におけるピラミッド型の指導者国家像にもかかわらず、権力機構の一元的な「均制化」は至るところで貫徹されず、多頭制（ポリアーキー）はナチ国家の宿命ともいえるものであった。

たとえば情報活動においては、外務省と並んで、親衛隊保安部や国防軍諜報部が独自に競合する活動を展開したし、国防軍と武装親衛隊の間には基本的な対立があるという具合である。さらにそれに輪をかけたのは、ヒトラー側近たちの間で繰り広げられた権限と管轄をめぐる絶え間ない抗争であった。そこでは、局面によってはしばしば「ジャングルの法則」が支配したのである。

微妙なバランスの上のカリスマ

にもかかわらず、ヒトラーはナチ国家の唯一の指導者でありつづけた。

それは、一つには、公共工事や再軍備中心の経済復興が軌道にのり、さらにフランス、英国に対する初期の強権外交の成功（一九三六年のラインラントの非武装地帯占領、一九三八年のオーストリア併合など）とあいまって、国民の間にヒトラーは真のドイツの救世主ではないか、という神話が形成されてきたからである。

また巧みに演出された党大会、ヒトラーに賛成するために動員された国民投票、新聞やラジオによる一方的な宣伝、ヒトラー・ユーゲントなどの青年教育が効果をあげたためでもある。多少の行き過ぎはあるにしても、ドイツ国民の多くが、敗戦直後や大恐慌時のヴァイマール政府よりましではないか、ヒトラーによってドイツの国際的威信も高まりつつあるではないか、と考え始めたのである。

さらに、多頭的政治構造にもかかわらずヒトラーがその地位を堅持できたのは、ヒトラーの政治指導の特質によっている。

そもそもヒトラーは、党内において指導者原理を要求し、党組織の官僚制を嫌った。かれは、絶対的服従と引き換えに、適任者を当該業務の指導者に、その都度任命していた。いいかえれば、委任された各指導者は、その限りで、かなり自由な権限と活動範囲を認められたのである。またこうした場合の常であるが、各指導者の権限はしばしば競合するものであった。党と国家の一元化が宣言されると、官僚制的支配を嫌うヒトラーの指導は、巨大な国家と社会制度のなかで、ますます複雑な権限と機関と幹部間の競合、混乱をもたらすことになった[12]。

そもそもヒトラーの指導者原則は、議会的多数決の無責任や国家官僚制の規範的形式主義、非効率を退け、政治の即決性、効率性、実行性を確保しようとするものであった。しかるに、第三帝国の多元的政治構造は、ヒトラーの政治指導の特色によって、必然的にもろもろの機関、権限の抗争をいっそう激化させ、実際には効率性、実行性を保証しないものになっていった。

とはいえ、側近たちのライバル関係は、ヒトラーの指導力維持にとって決してマイナスだったわけではない。行政幹部たちの権力闘争と諸組織の縺れ合いは、もし自己解体を避けようとすれば、バランサーであるヒトラーの超然性を必要としたからである。また国家内部の競合関係は、結果的に、非効率性を含みながらも、体制の政治的エネルギーを総動員することに役立った。任務を与えられた幹部がもつ一定の行動の自由と、組織や幹部間の激しい競合関係がなければ、ユダヤ人問題の〈最終的解決〉も、違った形をとることになったかもしれない。

2　民族共同体の番人——親衛隊と警察

略してSS

ヒトラーは〈第三帝国〉の支配が千年にわたると豪語したが、実際には一九四五年五月のドイツの敗北によってその幕は下ろされた。

十二年ほどの指導者国家の多頭的な支配体制で、結果的に圧倒的優位に立った組織は親衛隊（Schutzstaffel 略してSS）であった。とくに一九三九年九月、ドイツのポーランド侵攻によって第二次世界大戦が勃発する頃から、ナチ独裁体制は実質的に〈親衛隊（SS）国家〉の色彩を強くしたということができよう。

それは、親衛隊帝国指導者でありドイツ警察長官でもあったヒムラーが、一九四三年八月に同時に内務大臣に任命されたことによって、頂点に達したということができる。われわれはまず、親衛隊がいかにしてその支配権を拡大していったのか、そしてそもそも親衛隊という組織の役割はどこにあったのかをみておきたい。

ナチ党は、その軍事部門として古くから突撃隊（Sturmabteilung 略してSA）を持っていた。そして一九三四年六月三十日事件、すなわちヒトラーによるエルンスト・レームら突撃隊幹部の粛清に至るまでは、親衛隊は突撃隊に対抗しうるような強力な組織ではなかった。人数的にみても、粛清事件当時、突撃隊はなんと三〇〇万人にまで水ぶくれしていたのである。その数の力を背景にしたからこそ、突撃隊幹部は〈第二革命〉を標榜し、正規の国防軍をその支配下に再編するという、ヒトラーや国防軍には到底承認しがたい要求を提出できたのである。

レームとヒムラー

他方、親衛隊はヒトラーのボディガードとして一九二三年に誕生し、一揆挫折後の一九二五年に再建された。しかし親衛隊の真の形成が始まるのは、一九二九年にハインリヒ・ヒムラーが親衛隊指導者に任命され（当時の隊員は約二八〇人であった）、また一九三一年に海軍を女性問題で追放されたラインホルト・ハイドリヒが入隊し、その指揮下に、警察、諜報《ちょうほう》的役割をもつ親衛隊保安部（Sicherheitsdienst 略してSD）が設立されてからである[13]。

ゲシュタポそして武装SS

ヒトラーが政権を掌握したとき、有力な官職を手にしたナチ幹部と比べて、ヒムラーは、公職としては、ミュンヘンの警察長官代理という、あまりぱっとしない役職を与えられただけであった。当時、ヒムラーの努力にもかかわらず、親衛隊への評価は高くなかったのである。優等生的な制服姿を、あからさまに嘲笑する突撃隊員も多かった。

しかしヒムラーとハイドリヒは、党と国家の「均制化」を根拠に、バイエルンのみならず多くの邦国家（ラント）に政治警察を設立し、その指揮権を媒介に行政内部へ食い込みを図った。そしてレーム事件直前に、プロイセンの内務大臣を兼務していたゲーリンクから、帝国最大の邦国家の秘密国家警察（Geheime Staatspolizei 略してGestapo）の指揮権を譲り受けたのである。これによって、ヒムラーは事実上、帝国全土の政治警察指揮権を手にしたのであった。

六月三十日事件で、突撃隊幹部やヒトラーに反抗的な人物を敏速かつ組織的に処刑したことによって、さらに突撃隊がその後名前だけ残して凋落《ちょうらく》したことによって、親衛隊の権力は強化されるとともに、髑髏《どくろ》の紋章（ヒトラーへの忠誠をあらわす）をつけた黒ずくめの制服部隊は、党内外に不気味な威圧感を発揮するようになった。そして一九三六年、ヒムラーは「親衛隊帝国指導者兼ドイツ警察長官」に任命されたのである。

そもそもヒムラーを政治活動の世界に道案内したのはレームであり、その後ヒムラーは党内左派のシュトラッサーのもとで働いたのであった。しかし、ヒトラーが両者の抹殺を命じた時、ヒムラーには何の迷いも生じなかったようだ。ヒムラーにとっては、ヒトラーの命令がすべてであったのである。

政治における裏切りというテーマは、多くの芸術家の想像力を刺激する。そこには〈人生〉が凝集されて表現されるからであろう。ヴィスコンティ監督は映画「地獄に堕ちた勇者ども」で、また三島由紀夫も戯曲「わが友ヒットラー」で、この事件をテーマにとりあげている。

ヒムラーは国内の警察組織を統合し、ベルリンの本部の下に二つの部局を編成した。すなわち、K・ダリューゲの指揮する通常警察（Ordnungspolizei）と、ハイドリヒの指揮する保安警察（Sicherheits-polizei）である。前者には防衛警察や自治体警察、地方警備隊が、後者には秘密国家警察を含む政治警察と刑事警察とが配置された。

ヒムラーは形式的には内務大臣W・フリックの傘下におかれたが、実質的には、何の拘束もなく警察機構、そして突撃隊によって設置されていた強制収容所を、帝国規模で親衛隊に引き継いで行くことが可能となった。

この当時の強制収容所は、主に政治的敵対者（コミュニスト、社会民主党員、平和主義者など）を超法規的に収容していたが、T・アイケの監督の下で、ダッハウ収容所が模範的に整備され、収容所担当の「髑髏部隊」も編成された。やがて強制収容所は、占領地のユダヤ人や戦争捕虜の収容所を含めて、強制労働による親衛隊企業群（レンガやセメント工場など）を生み出すことになる。

また親衛隊は警察権力を得ただけでは満足せず、一九三五年には国防軍の抵抗を排して軍事部隊を、「親衛隊―執行部隊」として創設した。国防軍首脳からすれば、一つの帝国に二つの軍隊が存在することは何としても承認できないことであった。また武装親衛隊の発足は、徴兵問題で兵員の奪い合いをひきおこした。しかし一九三八年にヒトラーはヒムラーの要望を容れ、戦地では国防軍の指揮下に置かれることを条件に、P・ハウザーやG・ベルガーの指揮下に「武装親衛隊（Waffen-SS）」の発足を承認したのである[14]。

わが名誉は忠誠である――ナチズムという世界観の戦士

第三帝国の多頭的な構造のなかで、親衛隊が次第に優越的な地位を獲得することができたのは、ヒトラーにとって、己の世界観と意思にあくまで忠誠と服従を誓うこの部隊（親衛隊のスローガンは、〈わが名誉は忠誠である〉というものであった。本書カバー写真の短剣にはこの文句が刻まれている）がきわめて有効な暴力装置であることが証明されたからである。その契機となったのは、ヒトラー自身が明記しているように、レーム粛清であった。

その後も親衛隊は、ブロンベルクやフリッチュら国防軍将軍を追い落とす陰謀や、オーストリア併合やポーランド侵攻の際の工作などに深くかかわり、ヒトラー命令のいわばダーティな部分も忠実にカバーすることになったのである。

いいかえれば、指導者国家が事実上多元的に展開せざるを得なかったために、ヒトラーはいざという時の命令を保証する最後の手段として、親衛隊という暴力装置を必要としたのである。そして入党以来、ヒトラーをドイツ民族の救世主であると考えていたヒムラーにとって、親衛隊とは、一言でいえば、ヒトラーの意思の忠実な執行部隊であり、ナチズムという世界観の戦士なのである。

すでにみたように、親衛隊は初めは指導者を護る部隊であったが、やがてハイドリヒのイニシャティヴのもとで、党内の警察的な役割を果たすようになっていった。実際党内には、突撃隊幹部や左派のように、ヒトラーの指導を危うくしかねない分子が存在していたのである。

したがって、親衛隊と警察行政との間には、そもそも業務の類似性があった。ナチが権力を握ったとき、ヒムラーやハイドリヒがなによりも警察権を手中に収めようとしたのは、指導者意思の実行機関として、警察権力の重要性を、経験的にも明確に認識していたからである。

法律などなしに仕事に取りかかったのである

一九三七年、帝国の警察権を掌握したヒムラーは、警察＝親衛隊の任務について次のように述べている。

ナチ警察は二つの巨大な任務を持っている。

(a)警察は国家指導の意思を実行し、その欲する秩序を創造し、保持しなければならない。

(b)警察は有機的全体としてのドイツ民族、その生存力、その制度を、破壊と解体から守らねばならない。

こうした任務を果たすために、警察のもつ権能は限定的に解釈されてはならない。ナチズムの警察は、国家を指導する意思を実現し、民族と国家を保全するために、その権能を個別の法律からではなく、ナチズム指導者国家の現実から、すなわち指導部によって設定されたもろもろの任務から導出するのである。それゆえ、警察の権能は形式的な制約によって抑制されてはならない。なぜなら、そうした制約は国家指導の使命とも対立するからである。（中略）国防軍と同様警察は、指導部の命令、あるいは独自の原則から、行動の枠組みを定められるのである[15]。

近代国民国家の警察は、ヴァイマール共和国におけるように、通常国家や自治体の内務行政の管轄下に置かれ、社会秩序の維持という任務を持ち、その活動範囲は法律や行政規則によって定められている。ヒムラーが考えている警察はこれとはまったく逆である。

そこでは、警察は総統の政治的意思の道具として、秩序の維持のみならず「創造」にもかかわり、指導者の意思以外に何らの制約も受けてはならないのである。これに対して国家行政には、たんなる日常的業務、規則に即した業務だけが割り当てられる。さらにヒムラーの言うことを聴いてみよう。

一九三三年、われわれ国民社会主義者が権力についたとき、われわれの一部は警察を引き受ける任務を与えられた。（中略）――私が今ドイツ法のアカデミーの場でこう言うのは奇妙に聞こえるかもしれないが、とはいえ皆さんはそれを理解していただけると思うが――われわれ国民社会主義者は、自分たちの権利に基づき、しかし法律などなしに仕事に取りかかったのである。私はかねてより、われわれの行動が条文の一節に反しているかどうかなど、まったくどうでもよいことであるという観点にたっていた。わたしは自分の任務を達成するために、原則的に、自分の良心にしたがって、職務において総統と民族に責任を負い、健全な悟性にふさわしいことを行っている。他人が、〈法律違反〉について嘆くかどうかは、ドイツ民族の生死の懸かったこの年月においては、まったくどうでもよいことであった。（中略）実際のところ、われわれは新しい法の、ドイツ民族の生存権の基礎を築いたのだ[16]。

ハイドリヒは叫ぶ

一方、保安警察を指揮するハイドリヒは、ナチが政権を掌握した以上、警察の任務は国民生活の外面的統制にとどまらないとし、内偵、情報活動のみならず、内面的、思想的、心理的な統制の必要性を力説する。さらに、医学が対症療法から原因を解明した根治療法へ、さらに発病そのものをコントロールする予防医学に発展してきたように、警察機能もその重点を、予防拘禁におくことが強調されるにいたるのであった。

ラインハルト・ハイドリヒ

ヨアヒム・フェストによって、権力のために権力を追求し、「ナチ幹部の組織思想に特徴的な、かの黙示録的事象性《ザッハリッヒカイト》」[17]を体現していると評価されたハイドリヒは、一九三五年に出版された小冊子『われわれの闘争の変遷』において、次のように述べている。

今やもろもろの敵対組織は壊滅されるか再編過程にあるのだとすれば、このことはわれわれにとって、主として闘争形態が変化することを意味している。敵の駆動力は常に同一である。すなわち、世界的ユダヤ主義、世界的フリーメーソン、そして信仰告白を乱用している政治的司祭官僚の大部分である。かれらは多種多様な分枝と形態をとりながら、われわれ民族の血と精神と大地の力を絶滅させようという目標に固執しているのだ。そこで闘争がいっそう深化されねばならないという認識が、われわれに是非とも必要なのである。闘争はもはや技術的な手段だけでは遂行しえないのである。（中略）われわれは、敵をあらゆる領域から最終的に駆逐し、壊滅させ、血においても精神においてもドイツを敵の新しい侵入から護るために、なお数年の激しい闘争を必要としている。残念なことに、われわれ親衛隊員のなかにも、こうした長期的な目標をしばしば自覚しないものが多数存在する。政権を引き継いだ後で、あらゆる可視的な敵対者が姿を消し、精神と精神の闘争が始まったとき、親衛隊員には、敵の途方もない巨大さについての認識とともに、それと戦う武器が欠けていたのである。

（中略）確実なのは次のことである。すなわち、帝国内に住むすべての人々を全体的かつ恒常的に把握し、それとともに個々人の置かれた状況を、可能なかぎり絶えず監視することは、行政上の保安のみならず、世界観的、生存領域的な保安を任務としている警察部局の管掌するところだということである[18]。

ハイドリヒによれば、ナチ党がドイツ民族意思の担い手であるとすれば、政治警察は民族共同体の番人である。

ハイドリヒは、ナチ国家内において、敵との闘争形態を、既に勝負のついた外面的な次元から、不可視の精神的な次元へと「深化」させねばならないことを説いている。そこで保安警察を手中にした親衛隊の任務は、国民と社会の思想調査、もろもろの組織の絶えざる監視であり、必要があればためらうことなく反社会分子、危険分子を収容所へ予防拘禁することなのである。

反社会分子とは、文字通りの犯罪者だけではない。労働忌避者やアルコール中毒、ホモセクシャル、アメリカン・ジャズの愛好家たち、すなわち民族共同体の絆を少しでも弱める者は、すべて予防拘禁の対象となった。

実際、保安警察や親衛隊保安部は、あらゆる団体、機関、集会、社交を絶えず監視するために、全国に情報とスパイのネットを張りめぐらせた（一〇六ページの機構図参照）。

一九三九年九月、ポーランド侵攻直後、警察と親衛隊をより緊密に統合することを目指して、帝国保安本部（Reichssicherheitsamt　略してRSHA）が設置された。ハイドリヒは、国家の保安警察（秘密国家警察）の長であるとともに、親衛隊保安部（SD）の長を兼任することになった。こうして親衛隊は、総統意思の執行部として、さらに民族共同体の番人として、多頭的な第三帝国内部に、いわば一元的な〈国家内国家〉を形成してゆくことになったのである。

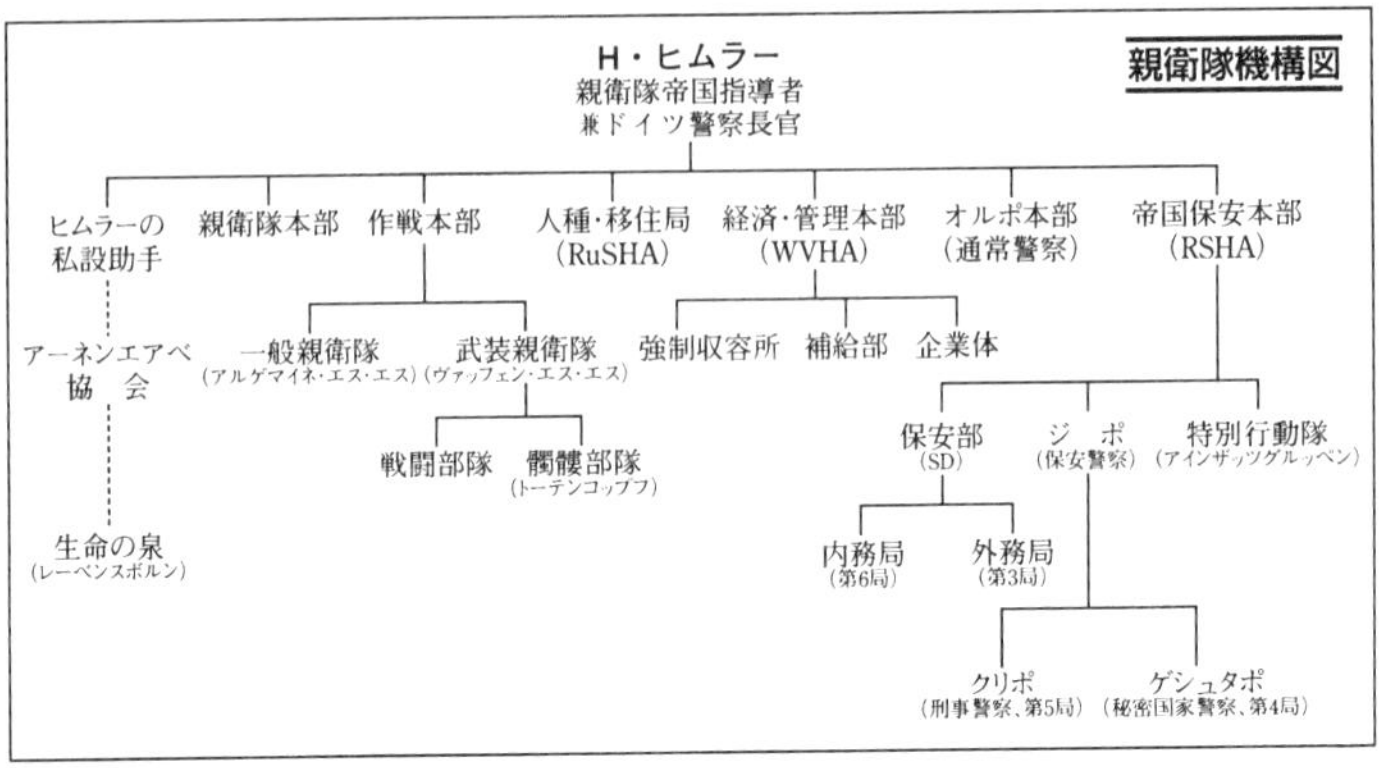

親衛隊の機構

ユートピアの変質

政治思想の歴史からみれば、国民全体を、外面的にも内面的にも、トータルに把握し、コントロールしようという発想は、プラトンの『国家』やカンパネッラの『太陽の都』(一六〇二年)に、さらにルソーやフランス革命のジャコバン独裁の思想にまで遡ることができよう。

共同体すべてを一元的な統制の下に置こうという考えは、これまでのユートピア思想に特徴的なものであった。そしてそこでは、常に、国家による構成員の絶えざる教育、モラルの育成が、政治の最大の課題であった。またこれまでのユートピア思想は、基本的に小さな共同体、農業社会をモデルとしたものであった。

親衛隊の支配構想は、確かにこうしたユートピア思想との連続性を持っているが、他方当時のドイツ社会は数千万の人口を持ち、構造は科学技術に基づく産業社会であった。こうした条件を勘案すれば、支配の技術は各段に合理化、官僚制化されたものでなければならなかったし、国民教育は、いっそう過激な世界観、イデオロギーの注入でなければならなかった。

ナチズムの指導者国家構想は、ロシア・ボルシェヴィズムやイタリア・ファシズムと並んで、過去の〈千年王国〉的ユートピアを引き継ぎながら、十九世紀の自由主義社会、市民の自発的な結社の活動に基づく社会の対極に位置するものである。政治思想史的にみれば、こうしたイデオロギーが、J・S・ミル（『代議政治論』、『自由論』）以後に出現したという事実ほど、進歩の時代である十九世紀の〈地下水脈〉の巨大さを示すものはないであろう。

3　人種的エリート集団のモラル

たんなるボディガードではなく

既にみたように、ヒトラーはもっとも関心ある分野、すなわち外交や軍事においては常に強い指導権を要求したけれども、それ以外の領域においては、側近や諸機関の縄張り争いに直ちに介入せず、可能な限り問題を先延ばしした。

これはヒトラーの指導の特質であったが、その背景には、ヒトラーをはじめとするナチ指導部が、ナチ国家を何とか理論的に基礎付けようとした法学者や政治学者の努力にもかかわらず[19]、〈指導者国家〉といった漠然としたイメージのほかには、第三帝国の基本構造についてなんら具体的なプランを持っていなかったということが挙げられる。

しかしヒムラーと親衛隊に対してだけは、レーム粛清以後、ヒトラーは、次々と現れるヒムラーのライバル(内務大臣フリック、ポーランド総督H・フランク、国防軍将軍たちなど)に配慮しながらも、少しずつその要望が実現できるように配慮したように思われる。その理由は明らかに、ヒトラーにとって、親衛隊という暴力装置の利用価値が高かったからである。つまり親衛隊の存在理由は、ヒトラーからすれば、なによりもその道具的有用性にあった。

しかし、ヒムラーは当初から、親衛隊がたんなるボディガードや警察といった支配の道具、装置であるだけでは満足できなかった。

親衛隊は〈総統〉意思の執行者として、政治警察という監視=暴力装置の技術合理性を超えた世界観、イデオロギー、そしてなによりも組織のモラルを備えたものでなければならなかった。とくに戦時において、ますます血なまぐさく過酷な任務が親衛隊に要求されるにつけ、ヒムラーは暴力装置の技術的精神にのみ頼ることはできず、それを超えた大義、モラルをなんとしても必要としたからであろう。

そうでなくとも、父親から教育者的資質を受け継ぎ、敬虔なカトリックの家庭に育った模範生ヒムラーにとって、キリスト教信仰を捨て、いかなる非人間的な総統命令にも従うためには、たんなるボディガードを超えた、これまで以上に壮大な世界観、モラルが求められねばならなかった。

服従、服従、服従!

世界観とモラルの強調によって、親衛隊はナチ国家の支配の道具という当初の枠を抜け出し、国家を担うエリート集団を目指そうとした。こうした志向は、おそらく当初より、ヒムラーの優等生的理想主義が呼び寄せたものである。

政権獲得以前から、ヒムラーは、突撃隊のような大衆運動主義、モッブ的過激さを嫌い、突撃隊からしばしば浴びせられた嘲笑にもかかわらず、常に親衛隊を、秩序ある黒色のエリート軍団として形成せんとしてきた。ライバルの突撃隊が壊滅してから、警察権によってドイツ全土を全体主義的監視体制の下においたヒムラーは、一方でプラトン的な国民教育の理想を満足させつつ、他方でますます親衛隊のエリート主義化、理想主義化に専心することになった。

しかし、もともと『わが闘争』のどこにも、取りたててナチズムのモラルが書かれているわけではない。ヒムラーが親衛隊に与えたモラルは、中世騎士道物語や、軍隊規律、そして権威主義的なギムナジウム校則等のガラクタから、都合よく拾い出されたものである。そしてヒムラーが親衛隊のモラルとしてあげているのは、常に、〈服従〉、〈忠誠〉、〈名誉〉、〈強靭〉、〈勇気〉、〈品位〉、〈戦友精神〉などであった。そこから「わが名誉は忠誠」、「服従こそ名誉」という、一見騎士道風でマゾヒスティックな親衛隊のスローガンが造られた。

あらゆる機会を捉えて、権威的なギムナジウム校長的熱意を込めて、ヒムラーは、絶対服従こそ名誉であり強さであり、これこそ騎士道であるとする、単純かつ反啓蒙的な教義を、常に飽きることなく説いて回った。

この地上では多くのことが許されるけれども、しかし、不忠、不義だけは決して許されない。忠誠を裏切ったものは、われわれの共同体から締め出される。というのは、忠誠はこころ、心臓の問題であって、決して悟性の問題ではないからである。悟性は躓《つまず》くかもしれない。それは多くの場合有害であるが、とはいえ改善不可能というわけではない。しかしこころ、心臓は常に同じ鼓動を打ち、鼓動がやむとき人は死ぬ。それはちょうど忠誠が破られるとき民族が死ぬのとまさしく同じである[20]。

わたしが要求する第二のものは、服従である。諸君！　諸君が中隊、大隊、連隊、師団において兵士に服従を要求するように、わたしは諸君に服従を要求する。わたしは諸君に言っておきたいと思う。服従の厳格さと義務を果たす度合の高さは、階級が高くなるにつれて増すのである。わたしはここにいる諸君のうち、もっともよく、もっとも多く服従しなければならない者である。なぜならわたしは最も高い階級を持つからだ。わたしは最高の義務を負っているのだ。そして諸君は、その階級に応じて服従しなければならないのである[21]。服従は、無条件に、まったくの自由意志から、またわれわれの世界観への奉仕から現れるのである。服従は、誇り、最高の名誉、またわれわれが個人的に愛と価値を置いているすべてのものを賭けて、あらゆる犠牲を払う覚悟ができているということである。決してためらったりせず、総統のものであれ、規則で上官から与えられたものであれ、あらゆる命令に無条件に従うことである[22]。

親衛隊学校の「生徒たち」

〈不可能〉という言葉は存在してはならなかったし、これからもわれわれの間では決して存在してはならない。われわれが、総統、そんなことはできませんなどと一度でも言うことは不可能なのである。諸君、もしわたしが、他に手がなくてベルリンの交通警官を通りから集めてこなければならないのだとすれば、誰がなんと言おうと、わたしは何度でもそこから大隊を編成してみせるだろう[23]。

しかし、こうした無味乾燥で機械的な服従要求、マゾヒスティックな忠誠心をいくら強調しても、それだけでは、親衛隊に要請された徹頭徹尾非人間的な行為を正当化するには充分でなかった。イデオロギーとしてみれば、そこには明らかに、血も凍る任務を貫徹させるだけの魅力的なロマン主義が欠けていた。

血の神話学を導入

そこでヒムラーは、そのエリート主義を基礎付けるために、一方でヒトラーと共通する血の神話学、人種理論的正当性を親衛隊に導入し、他方、その人種理論を手引きに、ヒトラーでさえ首を傾げる怪しげな歴史神秘主義のアイデアと儀礼を取り入れることになった。ここではまず、親衛隊の人種理論的正当性についてみてみよう。

ヒトラーの人種理論は、かれの反ユダヤ主義のポジとして形成されたものである。ヒトラーは、俗流社会ダーウィン主義に基づいて、世界史を人種間の生存競争、淘汰の場であるとし、北方アーリア人種、ゲルマン民族こそ、この世界史の舞台の主役であったたし、これからもそうあらねばならないという点から出発する。

この世界には、ヒトラーによれば、常に三つの人種が存在する。すなわち「文化創造者」、「文化支持者」、「文化破壊者」の三種類である。この地上で価値あるものは、元はといえば、すべて「文化創造者」であるアーリア人種の作り出したもので、「文化支持者」(たとえば日本のような民族)はアーリア人種の創造を前提にしてのみ世界史上での役割を持つに過ぎない。これに対して、「文化破壊者」とは、端的にいってユダヤ人であり、また広くいえば、黒人や東方スラブ系民族、ジプシーなどもこれに属する。

われわれが今日、人類文化について、つまり芸術、科学および技術の成果について目の前に見出すものは、ほとんど、もっぱらアーリア人種の創造的所産である。だがほかならぬこの事実は、アーリア人種だけがそもそもより高度の人間性の創始者であり、それゆえ、われわれが「人間」という言葉で理解しているものの原型をつくり出したという、無根拠とはいえぬ帰納的推論を許すのである。アーリア人種は、その輝く額からは、いかなる時代にもつねに天才の神的なひらめきがとび出し、そしてまた認識として、沈黙する神秘の夜に灯りをともし、人間にこの地上の他の生物の支配者となる道を登らせたところのあの火をつねに新たに燃え立たせた人類のプロメテウスである。人々がかれをしめ出したとしたら——そのときは、深いやみがおそらくもはや数千年とたたぬうちに再び地上に降りてくるだろう。そして、人間の文化も消えうせ、世界も荒廃するに違いない[24]。

またヒムラーも次のように述べている。

わたしは、この世界では究極のところ、永続的に見れば、良き血だけが最良の達成をもたらすという世界観を確信している。こうした確信に支えられて、わたしは任務に取り組んできた。したがって絶対的正しさを持って言えることだが、われわれの歴史認識からすれば、良き血だけが、指導的、創造的、そしてあらゆる国家を、そしてとりわけあらゆる兵士的活動を担う血であるとみなされねばならない。そしてこれはとりわけ北方の血なのである[25]。

それではこうした北方アーリア人種（現在ではそれを最もよく受け継いでいるのはゲルマン民族である）が、人間社会にとって持つ意味はなんであろうか。ヒトラーはそれを、自己の所属する共同体への奉仕、死をも恐れぬ自己犠牲、エゴイズムの徹底した放棄に見いだす。自己犠牲の精神こそ、ヒトラーによれば、真の理想主義なのである。

こうしてみると、ヒムラーが親衛隊のモラルとして要求した、〈忠誠〉、〈服従〉、〈名誉〉、〈品位〉などは、みなこうしたアーリア人種なるものの、自己犠牲的な共同体精神から導出されたものであることがわかる。そしてこうした人種的共同体精神を破壊するものこそ、近代の個人主義、エゴイズム、自由主義、貨幣、すなわちユダヤ人の発明品であるとされるのである。

個人的な労働を傾注し、また必要ならば、他のために自分の生命をも犠牲にしようとするこの意志は、アーリア人種ではもっとも強力に養われている。アーリア人種は精神的特性そのものが最大であるのではなく、あらゆる能力を共同体に喜んで奉仕させようとする程度が最大なのである。かれらにおいて、自己保存衝動はもっとも高尚な形式に達したが、そのさい、かれらは自分の自我を全体社会の生活に進んで従属させ、必要な時には犠牲にさえした[26]。

こうしてアーリア人種の内には、必要なら個人を犠牲にしても〈種〉、つまり全体社会を守ろうという本能が生きているのだが、こうしたアーリア人の支配にとって最大の病原は〈混血〉、最悪の場合は文化破壊者であるユダヤ人との混血である。

三十年戦争直後まで遡って

ゴビノーやチェンバレンと同様、ヒトラーは人種の混交、すなわち下等人種の血液の混入が高等人種の堕落、退廃を生みだし、世界の各地でアーリア人種支配の崩壊をもたらしたと考えた。かくして今日、アーリア人種の純血、純粋さを保持しているのは、ドイツのゲルマン民族のほか、北方ヨーロッパ諸国や北米大陸の一部住民に限られてしまった。

アーリア人種はかれらの血の純粋性を放棄し、それとともに自分自身のために創造した楽園の居場所を失った。かれらは人種の混血によって没落し、徐々に、ますます自分の文化的能力を失い、ついには、精神的なだけでなく肉体的にも、自分の祖先たちに似るよりも、むしろ被征服者や原住民に、より似始めたのである。

混血、およびそれによってひき起された人種の水準の低下は、あらゆる文化の死滅の唯一の原因である。なにしろ、人間は敗戦によっては滅亡しないものであり、ただ純粋な血だけが所有することのできる抵抗力を失うことによって、滅びるものだからである[27]。

したがって、ヒムラーにとって親衛隊は、アーリア人種の純血を保持した、文化創造者としてのゲルマン民族のエリートでなければならなかった。選ばれた人種であるアーリア人種の、さらに選ばれたエリートでなければならなかった。「親衛隊は、特別な観点にしたがって選ばれた、ドイツ、北方的な資質の者たちの団体である」[28]。

そこでヒムラーは、親衛隊員の入隊、婚姻に特別な人種検査を義務付けた。さまざまな訓練、士官学校教育、肉体的・精神的検査と並んで、親衛隊への入隊希望者、とくに士官候補生は、理想としては一六五〇年、すなわち三十年戦争直後まで遡って、祖先の系譜を証明すること、過去にユダヤ人や劣等民族の血が流入していないかどうかの証明（教会の信者記録簿など）を要求された。また親衛隊員は、結婚に際しても、花嫁の人種的検査、そしてヒムラーによる認可を義務付けられた[29]。

しかし実際には、戦争が全面化するにつれ人員補充が逼迫《ひっぱく》した結果、こうした人種証明など完全には守られなくなった。それどころではない。国防軍と人員補充を競合する武装親衛隊においては、多くの外人部隊が編成された。バルト人、クロアチア人、ハンガリー人、白ロシア人、ウクライナ人、さらに英軍人として北アフリカで捕虜となったインド人からさえ、部隊編成が試みられたのである[30]。

農学士として

こうした血統証明を求めることについて、ヒムラーが持ち出している根拠は動物の飼育や植物の栽培の例である。遺伝学を学んだ農学士として、ヒムラーは品種改良、新種の栽培を、人種においても実行可能であると考えていた。「よく考え抜かれた措置によって、百二十年以内に、ドイツ国民の肉体から、金髪碧眼のゲルマン的原型人種を〈メンデルの法則から遺伝的に生みだし〉うる」[31]というのである。

とはいえヒムラーは、数百年前からの血統証明など、数十万の隊員がすべて集められるなどとは考えていなかったから、それに代わって、体格、頭蓋骨の形状、目や髪の色、顔つきなどが重要な意味を持つことになった。長頭、長身、白い肌、碧眼のブロンド、といった具合である。「球根栽培者が、交じり合い衰弱しているが古き良き品種を再び純粋に育てるために、まず畑にゆき雑草を引き抜くように、われわれは親衛隊の形成に使用できないと思われる人間を、純粋に外観で選別することから始める」というわけである。

ヒムラーは親衛隊への入隊基準として、主として外見による人種選別基準を設定した。それによれば、入隊希望者は、五つの人種的カテゴリーに分けられる。すなわち、純粋北方人種、北方人種の血が優越した人種、北方人種に幾分かアルプス人種、ディナール人種、地中海人種が調和的に混ざり合った人種、東方バルト人やアルプス人種が優勢な混血人種、非ヨーロッパ系の混血人種である。そしてこの内最初の三つの人種と判断されたものだけが入隊を許可された[32]。かくして、親衛隊の名誉、忠誠、自己犠牲というモラルは、人種というイデオロギーによって武装されたのである。

ドイツ観念論の換骨奪胎

服従といい名誉といい自己犠牲といい、これらすべてはヒトラーやヒムフーにとって、近代の病巣であるエゴイズムからの解放を意味したのであった。マゾヒスティックな絶対服従は、より崇高な人種的共同体への、ゲルマン的な血の神話への、絶対的自発性に基づく絶対的自己放棄であると理想主義化されたのであった。

われわれはここで、自由と共同との二律背反的関係を個と全体の〈弁証法〉に統合し、止揚《しよう》するのは、かねてよりヘーゲルを頂点とするドイツ古典哲学の十八番であったことを思い出さずにはいられない[33]。ヒムラーのイデオロギーは、政治思想史的に見れば、まさしくプラトンの理想主義やドイツ観念論の伝統を換骨奪胎したところに成り立っているのである。

ホルクハイマーとアドルノは『啓蒙の弁証法』（一九四七年）において、限りない進歩、啓蒙が、同時に限りない退歩、野蛮の再現であるというテーゼ（啓蒙の自己崩壊）を提出した。十八世紀の啓蒙的理念は、そもそも自然を支配し、神話的世界から抜け出そうとするところで、理性的な自立の個人という支点を設定したのであるが、その行き着くところ、二十世紀の全体主義的秩序の成立とともに、個人は神話的な人種共同体のなかに、すなわち再び神話的な自然、「ヒトラー・ユーゲントの組織の内で麗々しく名乗られた『原始的共同社会』」[34]のなかに、あますところなく統合されることになった。

ここには、エーリヒ・フロムの有名なテーゼが示すように、〈自由からの逃走〉が極端な形で実現をみるのである。

4 甦るドイツ騎士団——ヒムラーの歴史神秘主義

新しい異教

人種理論による親衛隊のエリート主義は、主として十九世紀の白人優位思想や、社会ダーウィン主義、また当時再評価が始まったメンデルの遺伝学を取り混ぜたものであるが、理想主義者ヒムラーはそれだけでは満足せず、さらに怪しげな歴史神秘主義と騎士団思想によって、親衛隊の似非ロマン主義化を試みた。そしてこの点に、われわれはヒトラーと区別されるヒムラーの特異な空想的イデオロギーを見いだすことができる。

政治思想の歴史という観点からすれば、親衛隊のイデオロギーのなかには、すでに述べたように、指導者国家構想に見られるようなプラトン的全体国家像、さらに個と全体、自由と共同を統合するヘーゲル的観念論の論理、そして帝国主義的社会ダーウィン主義の人種差別主義が、それぞれ都合よく折衷され、危機的な状況に置かれた大衆に対して、イデオロギーとしてそれなりの魅力を備えたものになっていた。ヒムラーはさらにここに、ドイツ・ロマン主義的な装飾を加えたのだということができるだろう。

ヒムラーは、北方アーリア人種、ゲルマン民族の優位、その世界史的意義を基礎付けるために、まず歴史認識のゲルマン化を試みた。すなわちこれまでヨーロッパの歴史意識を規定していたキリスト教を否定し、新しい異教、いいかえれば、ゲルマン的宗教を確立しようとしたのである。

ゲルマン的異教を基礎付けるために、ヒムラーは自分に都合のよい歴史神秘主義的で怪しげな著書を、これこそ真実であると持ち上げ、親衛隊の教育教本に積極的に取り入れた。また逆にいえば、親衛隊帝国指導者兼ドイツ警察長官であったヒムラーには、迎合して取り入ろうとする教授や研究者たちに事欠かなかったということもある（たとえば、ボン大学のK・A・エックハルトやイエナ大学に招《しょう》聘《へい》されたH・F・K・ギュンターなど）。

そしてJ・フェストがいうように、ヒムラーの人格の特異な点は、「奇怪な空想家と暴力の専門技術者とが、いかさま医者と歴史の異端審問官とが、もっともおぞましく結びついている」[35]点にある。ヒムラーの政治思想のもっとも体系的な研究であるJ・アッカーマンの『イデオロークとしてのハインリヒ・ヒムラー』（一九七〇年）を参照しながら、ヒムラーの歴史神秘主義を追ってみよう。

自己の弱さから？

キリスト教文明の立場からは、通常ゲルマン民族は遊牧民（ノマド）、文化なき野蛮人であったが、やがてキリスト教によって文明化され、中部ヨーロッパに定着し、今日に至ったと考えられている。しかしヒムラーによれば、こうした歴史認識はまったくゲルマン民族に対する中傷である。ヒムラーによれば、ゲルマン民族の文化は実際には四〇〇〇年から六〇〇〇年以前にまで、すなわちキリスト生誕より遥か以前まで遡り、しかもその当時より、ゲルマン民族は今日の国民社会主義と同様の人種思想、血統思想、部族信仰、神観念を持っていたのである[36]。

その証拠として、ヒムラーは、北海フリージア諸島で発見されたという、紀元前六世紀から紀元前一世紀にわたる、家族の年代記（Ura-Linda-Chronik）なるものの記述を、まったく信じこんだり（いうまでもなくそれは偽書であったが）、古代ゲルマンのルーン文字とされるものを親衛隊員に学ばせたりした。親衛隊もしばしば、ϟϟ（SS）というルーン文字で示された。またオーストリアの技師H・ヘルビガーが唱えた〈氷世界論〉、すなわちこの宇宙の根底には氷がありそれが灼熱という対立する要素と闘争を続けているとするマニ教的妄想を、これこそ氷の世界を生きる北方人種の優位性を表す理論だとして支持した。客観的にみれば、ヒムラーのいうゲルマン的歴史というのは、ナチズムの政治目的に向けられた、まったく実用的なものであった。

ヒムラーは、ニーチェに便乗したヒトラーと同様、キリスト教、とくにそのヒューマニズムの側面を人間的〈弱さ〉の象徴であると考えたから、それを克服するために、人間中心主義を打破する鋼鉄の意志、〈強さ〉をつねにゲルマン民族の優越的資質であると強調した。ヒトラーはその天性の自信からして、またイデオロギーをもっぱら実用的観点から考える性格からして、それ以上の信仰を必要としなかった。しかし敬虔なカトリック家庭に育ち、自己の弱さをヒトラーへの帰依によって補強せざるを得なかったヒムラーは、実用的というだけでなく、キリスト教に代わる崇高な信仰をなんとしても必要としたのである。

日本を見よ！

ヒムラーが利用した数々の歴史幻想のうち、とりわけ奇怪で不気味なものは、ゲルマン的部族と祖先への崇拝であり、個人の不死と再生への信仰である。ヒムラーは、個人の生命などものともしない、永遠の血族共同体への没入を聖化する、〈種族的祖先崇拝〉を親衛隊の新たな信仰として打ち建てようとした。

アメリカのヒムラー研究者R・ブライトマンは、「人種や、人種を形成しようというヒムラーの情熱は、彼自身をも含む、個々人に対する深く根付いた軽蔑から生じたものである」[37]と述べている。

祖先崇拝によって、ヒムラーは〝原子化された人々〟を、再び祖先と子孫の間にある世代という永遠の鎖に接合したいと願った。悲壮感を漂わせながら、ヒムラーはこう宣言する。〝太陽が永遠に動きつづけるように、人間の歩みも永遠に進行するに違いない〟。一九四三年にヒムラーはこう書いている。親衛隊という結社共同体において、人はもっとも深く、また内面の最奥から確信を持ってこう言うことができる。すなわち共同体は、〝もっとも遠き、もっとも薄暗い前史時代の祖先への畏敬の念のなかで、その民族の永遠の起源を確信して生きるときにのみ、未来への道を進むことができるのである〟、と。また血統全体についての認識が、純粋種の部族のなかでさらに受け継がれてゆかねばならない神聖な遺言として、すなわち義務として把握されるときにのみ、人種と民族とは永遠の生命を持つことになるであろう、と[38]。

個人は束《つか》の間《ま》の存在であり、死すべきものであるが、部族の血統という悠久の流れ、すなわち祖先と子孫との共同体は永遠である。個人は、ゲルマン部族の永遠性のなかで生まれ、そして死んで行くのであるから、部族の血は不滅であるといえよう。いいかえれば、個人は死ぬことによって部族の永遠性を保証し、その血統のなかで再び甦るのである。ヒムラーの歴史観においては、主役は人間でも社会階級でもなく、神聖化された部族の血そのものなのである。

こうしたアイデアを得るにあたって、ヒムラーは日本の戦士階級であるサムライのあり方から、すなわち祖先、家系を名誉として、そのためには自決さえためらわないとされた武士道から、大いに影響を受けた。「その祖先だけを信じている民族がどれほど勇敢になり得るかをわれわれは知っている。日本を見よ！　そうした民族を打ち負かすのは困難である。われわれはこうした思想と力をこそ、今後数十年にわたって、わが民族に注ぎ込みたいと思う。そのために、こうした思想が親衛隊の生活要素にならなければならないのだ」[39]。

ハインリヒ一世の生まれ変わり

そしてヒムラーが最後に辿りついたのは、死者は甦るのだとする、再生の思想である。

人が甦るという信仰は、キリスト教、またツァラトゥストラや孔子などの教説と同様、学問的に厳密には証明できない。しかしそうした信仰は大きな生命の鼓動を持っている。人が死後甦るという信仰を持ち、またその祖先を、したがって己自身を崇拝する民族は、つねに子孫に恵まれ、そして永遠の生命を持つのである[40]。

実際ヒムラーは、一千年前のザクセン王ハインリヒ一世を、カロリング王朝のキリスト教会的統治様式を否定し、従者の忠誠をゲルマン的基本原理に据えた国王として高く評価し、自らをハインリヒ一世の生まれ変わりであると考えていた。

こうした歴史の神秘化、血の神話によって、ヒムラーは、親衛隊が、そしてまた何よりも自分自身が、いかなる非人間的な任務にも耐え、いかなるヒューマニズムや良心にも煩わされず、安んじて殺人マシーンと化することができると考えたのである。

キッチュ化されたロマン主義

部族血統の神話学と並んで、ヒムラーが好んで取り上げた親衛隊の歴史的モデルは、ドイツ騎士団である。ドイツ騎士団とは、もともと修道会騎士団として出発したが、十二世紀以来数百年にわたって、バルト海沿岸、プロイセン、ポーランド地域などでスラブ系民族と戦い、植民地を形成して、ヨーロッパの勢力を東方に拡大させた宗教的、軍事的集団である[41]。

ヒムラーはエリート結社のモデルとして、他にも反宗教改革の闘士イグナチオ・ロヨラのイエズス会からも、そのヒントを得たようであるが、ドイツ騎士団にせよイエズス会にせよ、その実際の姿はヒムラーにとってまったくどうでもよいことであった。ヒムラーはドイツ騎士団の歴史的形象から、キリスト教の要素を抜き去り、勝手にこれを血のエリート結社として読み替えた。

後に述べるように、ナチズムの政治思想の核心には、東方ゲルマン大帝国建設というモチーフがあったから、ドイツ騎士団という歴史イメージは、ヒムラーにとってもヒトラーにとっても、イデオロギーとしてはまことにうってつけのものであった。

わたしは今後十年で、われわれが一つの結社となっていることを、そしてそれはたんに男たちの結社ではなく、部族共同体の結社になっていることを望んでいる。その結社には、男性と同様女性も必然的に属することになるのだ。……われわれはドイツのために、数百年にわたって常に選び抜かれてきた上層階級、すなわち、つねに最良の息子や娘たちによって補塡されてきた新しい貴族の創造を願っている。その貴族は決して老いることがない。それは、価値が認められる限り、数千年前のもっとも遥かな過去にまで遡って、伝統のなかに見出されるものであり、われわれ民族にとって永遠に青年を顕わしているのだ[42]。

ドイツ騎士団、エリート結社の連想からすれば、貴族というこれまた歴史的形象が導入されるのは当然ともいえよう。実際ヒムラーは、ヴェストファーレン地方のヴェヴェルスブルク（Wewelsburg）に古城を入手し（一九三四年）、ここを親衛隊という騎士団のシンボル的な城に改築した。そしてこの

ヒムラーの「城」

城内で、神秘的な工夫を凝らした、怪しげな騎士団の儀式を、毎年ことあるごとに開催したのである。またヒムラーは中世騎士物語のアーサー王伝説に心酔し、ベルリンの食卓に、聖杯騎士の食卓に倣って、十二人の分の椅子しか置かないという凝りようであった。

ヴェヴェルスブルク城は、ヒムラーの歴史神秘主義を具現したもので、城主であるヒムラーの居室のほか、さまざまな武具の展示室、ゲルマン民族の古い記録を収集した図書室、書斎、客室などが設けられていた。また、広大な食堂の地下は納骨堂になっており、戦死した親衛隊将軍たちは、ここに祭られることになっていた。また、ハインリヒ一世の命日には、ヒムラーは深夜一人で納骨堂にひざまずき、王の死霊と語らうのが常であったという。

一言でいえば、ヒムラーにとってこの城は、バイエルンの狂王といわれたルードヴィッヒ二世が建設した白鳥の城（ノイシュヴァンシュタイン）に匹敵するものといってよいであろう。ワーグナーに心酔したルードヴィッヒは、この城内の人工湖上でひとときを過ごしたとされるが、ヒムラーも同様に、ここで魂の救済を、歴史神秘主義に求めたのであろう。

この城にはヒトラーの居室も設けられていたのだが、神秘主義を嫌い、十九世紀的な科学の人であったヒトラーは、ここを一度も訪れたことがない。また、こうした歴史神秘主義が、実際に親衛隊指導部にさえ、どれだけ浸透したかは疑わしい。他のナチ高官たちは、ヒムラーのこうした神秘主義を、薄気味悪いものと感じていたようだ。

しかし傍《はた》からどう見えようと、幼児期以来のカトリックを捨て、父が仕えた古き貴族制を破壊した、かつての優等生ヒムラーにとって、ゲルマン民族の歴史ロマンのなかに身を浸すことなしには、安んじてヒトラーの命令にすべてを捧げることができなかったのであろう。

ヒムラーの歴史神秘主義に何らかの魅力があるとすれば、それは一言でいって、〈キッチュ〉の魅力である。死と破壊、再生と血統、古城と騎士団、反近代の夢、これらの多くは、単純化され、造花のような下劣さから成り立っている。ヒムラーの美意識は、徹頭徹尾キッチュ化されたロマン主義であるといってよいであろう。

第四章
東方ゲルマン大帝国構想

ハイドリヒと語るヒムラー（中央の２人）

1　生存圏

バルバロッサ作戦

指導者国家という一元的な支配体制の確立を目指したヒトラーは、それではそのドイツ国家をいかなる形で世界のなかに位置付けようとしていたのだろうか。

一九三九年九月のポーランド侵攻まではなんとか理解できるとしても、対英国戦が膠着した時期の、一九四一年六月の対ソ開戦（バルバロッサ作戦）は、いったい狂気の沙汰ではなかったのか。そこにはいかなる積極的な政治構想と合理的な計算があったのだろうか。

これまでヒトラーを支持し、指導の一翼を担っていた多くのドイツの保守的知識人、外交官、官僚、国防軍将軍たちにとっても、ロシアへの攻撃はきわめて危険な賭けであった。いいかえれば、もしヒトラーが、一九三三年以来獲得した成果、すなわち経済再建、失業率の低下、再軍備、ラインラント進駐、オーストリア併合、ミュンヘン会談の勝利とズデーテンランド割譲で満足していれば（ヒトラーを支持した保守派も、国民の大多数もこれだけでも充分満足できた）、たとえユダヤ人に対する差別的な制度や暴力（一九三五年九月のいわゆるニュルンベルク法や、一九三八年十一月の帝国水晶の夜）が批難されたとしても、ヒトラーに対する歴史の評価は百八十度違ったはずである。

確かに、ヒトラーはロシア赤軍の軍事力について誤算し、かなり楽観的な幻想を持っていたことは事実である。国防軍の将軍たちにも、そうした見通しを持つものがかなりいた（実際、作戦開始当初は楽観的展望を裏付ける展開になった）。

また、ソ連を打倒できれば、抵抗を続ける英国に対して、講和への圧力となると考えられたこともあったであろう。さらにロシアを征服できれば、有力な資源を手にすることができると考えられたことも事実である。

ヒトラーの独裁を分析したA・バロックは、ヒトラーには確かに政治構想が存在したけれども、その政策についていえば、かなり場当たり的で、日和見《ひよりみ》主義的であったと解釈している。またかつてダンチッヒのナチ指導者であり、その後ヒトラーと袂《たもと》を分かったH・ラウシュニングも、ナチズムを〈ニヒリズムの革命〉だとする立場から、ヒトラーは権力のための権力を求めており、一貫した政治構想があるわけではないとした[1]。

バルバロッサ作戦はヒトラーにとって、はたして冒険的、機会便乗的なものであったのだろうか。

ナチズムの世界観のすべてが賭けられていた

われわれは、ヒトラーには一貫した積極的な政治構想があったと考えている。

確かにヒトラーは国内統治においては、決定を先送りし、多元的権力状態を放置していた面があるのは既に見たとおりである。しかし外交の重要な局面では、ヒトラーは常に指導力を発揮した。ヒトラーにとって、対ソ連侵攻は、オーストリア併合やポーランド占領と同様、かねてよりの信念に基づくものであって、そこには実際、ナチズムの世界観のすべてが賭けられていたといってもよいほどである。

したがってヒトラーを始めナチ指導部は、この戦争がこれまでの西側に対する戦争とはまったく異質な、〈世界観戦争〉、いいかえれば〈絶滅戦争〉であることを、ことあるたびに繰り返したのである。ロシアを征服し、そこにドイツ民族の〈生存圏〉、ゲルマン大帝国を築くこと、これこそヒトラーにとって、一九二〇年代後半に『わが闘争』を発表して以来、絶対に譲ることのできない、不動の信念であった。

こうした理解を初めて打ち出したのは、英国の歴史家トレヴァー＝ローパーである。かれは『季刊現代史』に掲載された「ヒトラーの戦争目的」[2]（一九六〇年）において、ヒトラーの外交政策が機会便乗的なものではなく、戦術的柔軟性はあるにせよ、東欧やロシアに侵攻し、そこにゲルマン民族の大帝国、〈エデンの園〉を建設するという目標を堅持したものであったことを明確に述べた。

その際トレヴァー＝ローパーが利用している資料は、『わが闘争』、一九三七年十一月に国防軍指導部を前にして行った説明、いわゆる「ホスバッハ議事録」[3]、さらに一九四一年夏から断続的に速記されたヒトラーの〈食卓談義〉[4]などである。われわれはトレヴァー＝ローパーの指摘を参照しながら、ヒトラーの政治構想の基本線を確認しておきたい。

残された道はただ一つ

ヒトラーは『わが闘争』（第一部第四章、第二部第十三章、第十四章）において、自然界が弱肉強食の場であるように、人間世界が諸民族、諸人種間の情け容赦ない生存競争、淘汰の場であること（帝国主義的社会ダーウィン主義〉、したがってもしドイツ民族が滅亡を望まないのであれば、毎年九〇万人の人口増がある八〇〇〇万の民族の生存のために、食糧を安定的に確保しなければならないことを説いた後で、ドイツの政策には四つの道があるという。

一つはフランスが採っている人口抑制であるが、これは優秀な子孫を生まれる前に淘汰してしまうことになり、生存競争においては最悪の道である。

第二に土地開発、土壌改良によって農業の生産性を上げる方法があるが、これにはどうしても限界がある。

そこで第三にアングロサクソン系民族（大英帝国）がそうしたように、商工業を起し、海軍を増強して、海外に貿易と植民地を求める方策が考えられる。実際、ドイツ帝国はヴィルヘルム二世時代の〈世界政策〉によってこの道を追い、ドイツを破壊に導いたのである。

こうしてこれまで述べた三つの方策がどれも行き詰まるとすれば、ヒトラーによると、残された道はただ一つである。すなわち、植民地を海外にではなくて、ヨーロッパ内陸部に、すなわちドイツの東方に求め、海外植民地は英国の手に委ね、英国と同盟を結ぶことである。

われわれは六百年前に到達した地点から出発する。われわれはヨーロッパの南方および西方に向かう永遠のゲルマン人の移動をストップして、東方の土地に視線を向ける。われわれはついに戦前の海外植民地政策および貿易政策を清算し、将来の領土政策へ移行する。だがわれわれが今日ヨーロッパで新しい領土について語る場合、第一に、ただロシアとそれに従属する周辺国家が思いつかれるに過ぎない[5]。
人々がヨーロッパで土地と領土を欲するならば、そのさいは大体においてロシアの犠牲でのみ行われえた。その場合には、ドイツの鋤《すき》には耕土を、だが国民には日々のパンを与えるために、ドイツの剣でもって、新しいドイツ帝国はふたたび昔のドイツ騎士団の騎士の道を進まねばならなかったのだ。
かかる政策のためには、もちろんヨーロッパにはただ一つの同盟国があった。すなわちイギリスである[6]。

ヒトラーは、一方でドイツの野望を実現するために、近代技術や重化学工業の必要性を充分認識していたが、他方でイデオロギーとしては、商業や貿易、貨幣や市場経済や株式資本を軽蔑し、都会生活の悪習とデカダンスを呪い、ダレーやヒムラーと同様、〈血と土〉を象徴する自営農民の共同体を理想化した。したがって東方の生存圏を開拓することは、ヒトラーにとって、食糧供給の必要性を満たすのみならず、ドイツ騎士団の伝統に根ざし、ドイツ民族の農本主義的健全性を再興させるものであった。

生存圏

〈生存圏〉という言葉は、もともとドイツ帝国建設時より政治スローガンとして使われてきたものである。後にH・グリムの小説『土地なき民』の悲憤や、ミュンヘン大学教授K・ハウスホーファーの地政学を通じて、生存圏はナチズムのスローガンに採り入れられた。ヒトラーは、ハウスホーファーの学生であった総統代理ヘスを通じて、かれの理論を知ることになったと思われる。またハウスホーファーがドイツの「空間的狭量」について述べたことは、後にナチの膨張政策を理論的に正当化するものであるかに解釈されたのである。

しかし、ヒトラーが生存圏というアイデアを得たのは、ハウスホーファーからではなく、第一次大戦時に、帝国主義的膨張と反ユダヤ主義を煽りたてた、クラースら「全ドイツ連盟」の政策からであった。

ヴィルヘルム時代のドイツ帝政とヒトラーの外交政策に、一定の連続性があることを主張したF・フィッシャーは、こう述べている。

ヒトラーは〝わが闘争〟において、一八九五年から一九〇九年にいたるまで続いたヴィルヘルム主義を、それが目標をまったく海外に向けたままであったと非難した。ヒトラーはまた、自分はドイツの目標を東部の征服と植民地化に見いだすのだと宣言した。そのさいヒトラーが見落としているのは、こうした膨張への方向は、既に一九〇九年以来、遅くとも一九一二―一三年までには、スラブ民族とドイツ民族との〝不可避的な生存―最終闘争〟といういい方で、ドイツ帝国の公的な目標設定になっていたという点である。

一九一四年八月六日、世界戦争が勃発して二日後、ドイツ宰相は戦争目的として、ロシア国境をモスクワにまで後退させること、ドイツ、あるいはオーストリア・ハンガリー帝国とロシアの間に、一連の緩衝国家群（フィンランド、ポーランド、ウクライナ、グルジア）を設けることを挙げた。そしてそれから四週間後にだされ、議論を沸騰させた宰相の九月プログラムによれば、ロシアは可能な限りドイツ国境から遠ざけられねばならず、非ロシア系民族に対するロシアの支配も打破されねばならないとされていたのである。（中略）［ナチの］地政学的、戦略的、そして経済的目標設定（〝われわれは東方へ行進しよう〟）は、ヴィルヘルム的—全ドイツ的膨張主義との連続性を示している[7]。

フィッシャーによれば、ヒトラーはこうした全ドイツ連盟的な外交政策について、敗戦直後のミュンヘンで知ることができた。自信家であったヒトラーは、この問題に限らず、自分の構想が誰かに依拠していることをできるだけ隠しておきたかったのであろう。

旧ドイツ帝国の国境線に留まらねばならない理由は何処にも存在しない

しかし、ヒトラーの生存圏という構想は、連続性を持ちながらも、ヴィルヘルム期のそれ以上に過激で、ユートピア的で、社会革命的であった。またその構想は、反ユダヤ主義との結合によって、犯罪的としかいいようのない次元にまで到達したのである。「全ドイツ連盟的」な暴力的膨張主義は、大戦のイデオロギーとして利用され、後に国家人民党の路線のなかに生き延びはしたが、ドイツ保守派すべての共通理解であったといえるかどうかは議論の分かれるところである。

ヒトラーの考えでは、ドイツは一九一四年以前の領土に、すなわち旧ドイツ帝国の国境線に留まらねばならない理由は何処にも存在しない。土地貴族や官僚団や将軍たち、つまり保守主流が、敗戦によって失った旧ドイツ領の奪還で事足りると考えているとすれば、あるいは帝政の再興を考えているとすれば、それはヒトラーにとってはナンセンスであり、犯罪的な自粛行為である[8]。

トレヴァー゠ローパーによれば、ヒトラーは旧ドイツ帝国領土を遥かに超える生存圏の獲得を目指していたのであり、もしそうした植民が実施されれば、それは必然的にドイツ国内の社会構造の激変、すなわち社会革命をもたらさずにはいないものであった。

保守派の人々は、東部の土地を欲したが――新しい領地ではなく、伝統的にドイツに属していた領地を――帝国の以前のポーランド国境を欲していたのである。(中略)というのもこれらの人々の要請はまったく限定的、つまりまったく復古的であった。確かにかれらはボルシェヴィキ・ロシアを憎んだけれども、これを征服したいなどとは思わなかった。財政的コストやそれと結びついたリスクを度外視しても、ヒトラーがそう意図していたように、ロシアに対する征服戦争はドイツ革命をもたらさずにはいないだろうと想定できたからである。(中略)

ヒトラーはロシアを、ウラル山脈に至るまで、いやもしかしたらより先まで征服し、しかも永続的に占領しようと望んでいたのであった[9]。

危険を冒すことなく帝国を建設した民族などいない

ヒトラーの野望は、一九三七年十一月の「ホスバッハ議事録」にも見いだすことができる。ここでヒトラーは、ブロンベルクやフリッチュ、レーダーやゲーリンクら、すなわち陸海空の軍最高司令官たちを前にして、ヨーロッパ大陸内部に生存圏を獲得したいという強い意志を初めて開陳したのである（陸軍司令官たちはこの無謀な計画に驚き反対したが、それが後の、親衛隊の仕組んだスキャンダルによるブロンベルク、フリッチュ解任につながった）。

この議事録からは、政権獲得後四年間の成果に満足するどころか、五十歳を目前にしたヒトラーの、焦燥に駆られた雰囲気が伝わってくる。

ヒトラーは、生存圏獲得の戦争を遅くとも一九四三―四五年のうちに開始しなければならないとしている。なぜなら、それを過ぎてしまうと、せっかく近代化を進めてきた軍備が旧式化して行きかねないし、将校団や自分を含めたナチ指導部の高齢化も避けられない運命となる。またドイツの出生率に翳《かげ》りがでかねないし、食糧にも不安が出てくる。さらにヒトラー自身が暗殺されてしまうかもしれない。

それに対し、いずれ他国の軍備はドイツに追いついてくるだろうし、とくに戦うべき相手であるロシアは急速に発展し、今後十―十五年の間に世界最強の国家になりかねないのである[10]。尻込みする将軍たちを前に、ヒトラーは、危険を冒すことなく帝国を建設した民族などいなかったと言い放っている。

一種の正当防衛

一九四一年夏から約一年間のヒトラーの〈食卓談義〉は、対ソ戦の希望と懐疑、確信と不安の交錯する日々を背景にしているが、そこでヒトラーは、東方の〈エデンの園〉についてしばしば饒舌《じようぜつ》に語っている。もちろん見方を変えれば、トレヴァー＝ローパーがいうように、ヒトラーによって画かれたゲルマン大帝国は理想国であるどころか、「あらゆる人間性、あらゆる文化、あらゆる意味付与を欠如させた、まったく不気味な―野蛮の帝国」であり、「新しい暗黒時代」[11]を思わせるという評価になることは言うまでもない。しかしわれわれは、ヒトラーのユートピアについては後にみることにしたい。

それよりもここで指摘しておきたいのは、ヒトラーにとって、ロシアとの戦いは、自ら仕掛けた戦争であるにもかかわらず、奇妙なことに、ヨーロッパ文明の立場から、歴史的に理由のある一種の正当防衛だと考えられていたという点である。もちろんこれは心理学的にみれば、攻撃衝動の強い人間が、自分の攻撃衝動を相手（敵）に投射して、防御的な自己弁護を図るという例である。

ヒトラーはおりにふれて、ロシアおよび東方諸民族の危険性を、一方では、チンギス・ハン以来ヨーロッパに流布された〈黄禍〉論、すなわちモンゴル、アジア民族の野蛮さから説明している。

他方でかれは、ロシア・ボルシェヴィキ革命がユダヤ人の陰謀であると確信していたので、ヨーロッパ文明に対するモンゴル、アジア、スラブ民族の危険性、脅威が、スターリンの下でかつてないほど増大したと考えた。ヒトラーの意識のなかでは、ロシアに対するドイツの勝利は、アジア的野蛮に対するヨーロッパの防衛も意味していたのである。

新しいチンギス・ハンが現れていたであろう

ここでは、ヒトラーの攻撃性が自己防衛として正当化されている例を、一九四二年五月に士官候補生を前にして行われた秘密演説から引用してみたい。

わが民族は歴史に登場して以来、われわれの祖先がそうだったように、東方から圧迫されて、西方の既存の世界へ進出しなければならなかった。古代世界の諸民族にとって、おそらくわれわれは侵略者に見えたであろう。実際には、われわれが追いたてられる側だったのである。というのは、われわれの背後には、無数の人的資源に富む地上最大の大陸があり、そこから、常に新しい民族移動の波が現れ、人間的によりましな、より文化の高いヨーロッパを圧迫したからである。アジアからの不断の民族移動の流れは、時代的にみればまずフン族から始まり、後にモンゴル族となり、今日ではアジア内陸の人々の組織となって、われわれを深刻に苦しめている。（中略）もしも一九三三年にわれわれナチズム世界観の勝利が達成されていなかったとしたら、言い換えれば当時、帝国の新建設が着手されず、帝国の統一が完璧には保障されず、そしてとりわけドイツ国防軍が確立されていなかったとすれば、その年であれ次の年であれ、完全に無防備なドイツ国民は、再びアジアからヨーロッパに迫りくる巨人の犠牲となっていたであろう。新しいチンギス・ハンが現れていたであろう。もしドイツがそれほど強力にならなかったら、東方の巨人は決して力に訴えたりしないだろうと考えるのは、まったく子供じみている。なぜならその巨人の力の背後には、あの国際ユダヤ人という駆動力が控えており、連中はその千年王国を樹立する時が今まさにやって来たと信じているのである。（中略）われわれはヨーロッパに確かな生存圏を確保して、ドイツ帝国を支配的強国に高めなければならない。もしわれわれがそれを望まなければ、われわれ民族、そしてそれとともにヨーロッパもまた視界から消え失せるのみである[12]。

アジアからの脅威は、ボルシェヴィキの登場によって、さらに危険なものになった。『わが闘争』から引用してみよう。ロシア革命において、ユダヤ人に操られたボルシェヴィキは、「幾年もたたぬうちに国民的なインテリ階層を根こそぎにし、民族からその自然な精神的指導者を奪い取ることにより、それら民族が不断の隷属という奴隷の身の上に落ち込むよう準備をととのえる」のである。

この種のもっとも恐ろしい例はロシアに見られる。そこでは、ユダヤ人文士と金融ギャングの一隊に大民族の支配権を確実に渡してやるために、三千万の人間が実に狂信的な野蛮さでもって、一部分は非人道的な苦痛を与えられて殺されたり、あるいは餓死させられた[13]。

ここには、ヒトラー自身が、ヒムラーと親衛隊に命じてポーランドで採用した政策、すなわちポーランド知識階層の絶滅が、元々はボルシェヴィキ革命から学んだものであることが語られている。それによってヒトラーは、ポーランド民族の知識階層、精神的指導者層の根を断ち、ポーランド人をドイツの永続的な奴隷として利用しようとしたのである。ボルシェヴィキによる〈階級の敵〉の抹殺という野蛮さは、ナチズムにおいては〈人種の敵〉の撲滅として受け継がれたのである。

否応なしの撲滅戦争

ヒトラーは、自分たちが始めた情け容赦ない、非情な絶滅戦争が、もとはアジア由来の、チンギス・ハンによってもたらされた野蛮への防御であると考えていた。ヒトラーによれば、スターリンは「新しいチンギス・ハン」なのである。

そうであるとすれば、この戦いは通常ヨーロッパで戦争といわれるものとは根本的に異なることにならざるをえない。いいかえれば、バルバロッサ作戦は、十三世紀にヨーロッパへ侵攻したチンギス・ハンに対する戦争と対比され、一切の妥協を排した、殺《や》るか殺られるかのゼロ・サム・ゲームになったのであった。昨今のS・ハンチントンの言い方を借りれば、東部戦線は〈文明の衝突〉であると考えられたのである。

ヒトラーの発言のなかに、フン族、モンゴル人、チンギス・ハンの話は時々登場する。R・ブライトマンによれば、ヒムラーは、亡命ロシア人が一九三四年に発表したチンギス・ハンについての書物（M・プラウディン『アジアからの嵐』、『チンギス・ハンの伝説』）から強い印象を受け、これを親衛隊の教材として利用したり、プレゼントしたりしていたという。これらの書物は、歴史研究というよりは歴史物語の範疇《はんちゅう》に属するようであるが、いずれにせよ、ヒムラーは、このモンゴル帝国の王が戦時に示した残虐さ、被征服者の皆殺しや地域の徹底的な破壊に魅せられ、人間の生命をネズミの生命ほどにしか考えなかったハンに、恐れと尊敬の入り混じった感情を持った[14]。

ヒトラーがこの書物を読んだかどうかはわからないが、先の引用や〈食卓談義〉のなかには、明らかにヨーロッパを破壊しかねなかったチンギス・ハン、つまりアジア的野蛮への恐怖と敵対心が見いだせる。そして新しいチンギス・ハンであるスターリンの背後にはユダヤ人がいるとされていたのだから、東方大帝国を目指す戦闘は、否応なしに撲滅戦争として遂行されざるをえなかったのである。

歴史家論争

この問題は、一九八六年に(西)ドイツで行われた、いわゆる〈歴史家論争〉の一つのテーマと関係している。いわゆる修正主義のエルンスト・ノルテは、「歴史伝説と修正主義の間?」、「過ぎ去ろうとしない過去」という論説において、ナチズムの比較可能性を提起するとともに、ナチズムのホロコーストは、ロシアにおけるボルシェヴィキの「アジア的野蛮」に対するドイツのリアクションなのではなかったかと問い直している。

アウシュヴィッツは、何はさておき伝来の反ユダヤ主義から結果したのではないし、その核心においてたんなる「民族虐殺」ではない。そこで問題となるのは、とりわけロシア革命のさまざまな抹殺事件に対する、不安から生まれた反動なのである[15]。

すなわち、ナチスが、そしてヒトラーが、「アジア的」蛮行に及んだのは、もしかするとひとえに、自分たちや自分たちの同胞を、「アジア的」蛮行の潜在的もしくは現実的な犠牲者と見なしていたからではないか。「収容所列島」の方がアウシュヴィッツよりもいっそう始原的であったのではないか。ボルシェヴィキによる階級殺戮は、ナチズムの「人種殺戮」の論理的かつ事実的な先行者だったのではないか[16]。

ユダヤ人問題に対するホロコーストを、ボルシェヴィキの「アジア的蛮行」に対するリアクションに還元してしまうことはできないだろう。何よりも、ホロコーストをヒトラーの絶滅意志から説明することは難しいからである。

しかし、ヒトラーの意識のなかでは、黄禍論とボルシェヴィキ、ユダヤ人の陰謀とがオーバーラップしていたこと、そこにヒトラーが、ドイツならびにヨーロッパの不倶《ふぐ》戴天《たいてん》の敵を見いだしたことは間違いないことと思われる。こうした背景を考慮することによって、ヒトラーがなぜ東部戦線だけを〈撲滅戦争〉、〈世界観戦争〉と規定したのかが明らかになるのである。

2　地上の楽園——人種帝国のユートピア

ヒトラーの画く東方帝国イメージ

ヒトラーはヨーロッパ大陸の東方に大帝国の建設を目指したが、それでは、そこには一体、どのようなイメージが画かれていたのであろうか。ヒトラーの〈食卓談義〉からそのエッセンスを抜き出してみよう。

われわれの東方政策の目標は、――長期的にみて――約一億人のゲルマン人をこの地帯で開拓させることである。全力をあげて、鋼鉄の強靱さをもって、まず一〇〇〇万人のドイツ人を入植させねばならない。わたしは遅くとも十年以内に、ドイツに再度編入された、またわが軍によって占領された東方地域（ダンチッヒ、西プロイセン、ヴァルテガウ、チヘナウ、ビャウイストク）に、少なくとも二〇〇〇万のドイツ人が生活しているという報告を聞きたいものである。（中略）ドイツ騎士団が子羊の手袋をしてではなく、聖書と剣をもってしたように、東方へ向かうわれらの者たちは、ナチズム世界観の信念の闘士として、わが民族の利益を、必要なら武力をもって貫徹しなければならない。（中略）東部においても、スターリンのような容赦なき措置によってのみ目標を達成できるのである。わたしは、党がそこで五十年にわたって努力するならば、東部を完璧にゲルマン化することができると確信している[17]。

ロシア地域に入植する〈帝国農民〉は、とびきり美しい居住地に住むようにすべきである。ドイツ人の職場と官庁はすばらしい建物でなければならず、総督のそれは宮殿であるべきだ。官庁や総督宮殿の周りに、生活に必要な施設が建てられる。そして都市の周囲三〇から四〇キロメートルに、ドイツ人入植者の住む美しい村むらからなる環状地帯が造られ、この上もなく立派な道路で連結されるのである。その向こうは別の世界で、そこでロシア人は好きに生きればよい。われわれは彼らを支配するまでである。叛乱など起こすようなことがあれば、連中の町に爆弾を二、三発撃ちこんでやればよい。それで片付くだろう。（中略）英国にとってはインドだったが、われわれにとっては東方圏ということになるだろう。この東方圏が将来なにを意味するか、ドイツ民族に伝えられたらよいのだが。（中略）われわれはゲルマン人種をアメリカに移住させてはならない。ノルウェー人、スウェーデン人、デンマーク人、オランダ人は、すべて東部地域に招くべきである。かれらは帝国の分肢となるだろう。われわれは、計画的な人種政策を遂行するという、大きな将来の課題を前にしている。われわれは、既にはびこっている血族結婚の弊害を予防するために、そうせざるをえないのである[18]。

ヒトラーの〈食卓談義〉のなかには、この種の発言が他にもいくつかみられるが、基本的にはこれがヒトラーの画く東方帝国イメージである。

何度でも音楽を流したらよい

ここには、十九世紀後半、ヨーロッパ先進国（とくに英国）によるアジア、アフリカの植民地支配、その社会帝国主義的イメージが、中世騎士団の似非ロマン主義によって装飾を施され、さらに危険な人種思想と融合されている。こうした支配民族としてのゲルマン人に対して、異民族、ポーランド人やスラブ系諸民族は、シベリアの彼方《かなた》へ追放されるか、奴隷としての状態に置かれるのである。

これら諸民族は、なによりも、われわれにとって経済的に役に立つという任務だけを持っているのだ。それゆえわれわれは経済的に、ロシアの占領地から、あらゆる手段を使って、可能な限り多くのものをすべて巻き上げてしまわなければならない。（中略）村共同体の形成についていえば、近隣の村落の間にいかなる結束も結ばれないようにしなければならない。だからいずれにせよ、ロシアの広大な領域に統一的な教会が形成されることは防がねばならない。われわれの関心からすれば、それぞれの村がそれ独自の教会を持ち、特有の神観念を発達させるほうがよい。こうして、たとえそれぞれの村で、黒人やインディアンのように、魔術崇拝が行われようとも、われわれはそれを歓迎する。そうすればロシアにおいて、分裂的要素がそれだけ増えることになるからである。（中略）ロシア人、ウクライナ人、キルギス人などが、読み書きの知識を持つことは、われわれにとって有害である。なぜなら、そうなると頭の良いやつらが一定の歴史的知識を獲得し、それとともに政治的思考を得て、その切先をわれわれに向けるに違いないからだ。連中が自分で、政治的、科学的、等の知識を獲得する能力を持つようになるよりも、それぞれの村にラジオの拡声機を設置し、ニュースを伝えたり、娯楽を提供したほうが遥かによい。（中略）連中にはラジオ放送で、音楽、何度でも音楽を流したらよい。愉しい音楽を聴けば、働く喜びも増そうというものだ。そしてもしダンスができれば、われわれのヴァイマール時代の経験からして、大いに喜ばれるだろう[19]。

対ソ連戦さなかのヒトラーのこうした考えは、多幸症的帝国主義者といった感があるが、すでにポーランド占領以来、側近たちの行動の指針となってもいた。ドイツのポーランド侵略直前、すなわち一九三九年八月二十二日、ヒトラーはオーバーザルツブルクに国防軍首脳を集め、来るべきポーランド戦争の目的が、「ポーランドの絶滅、その生命力の除去」にあると宣言していた[20]。当初より、ヒトラーはポーランドをドイツの生存圏に組み込む計画であった。

なんといっても親衛隊

一九三九年秋以降、ドイツがポーランドを占領してから、占領地は、ドイツ帝国に併合された地域(ヴァルテラント管区、ダンチッヒ・西プロイセン管区、ツイヘナウ管区)と、一種の植民地である総督府領(ワルシャワ管区、ラドム管区、クラクフ管区、ルブリン管区、後にガリチア管区が追加)に区分された。

この東方の新領土をいかに帝国に役立たせるかという問題は、既にヒトラーのこうした発言以前に議論が開始されていた。そして国防軍による軍政が解除されてから、第三帝国の多くの機関、組織が新領土の利用に関心を示し、それぞれの管区の指導者に任命されたナチ幹部たちの権力闘争が開始された。政令上の担当となったドイツ内務省、総督となったH・フランク、食糧・農業省、さらにポーランド資産の接収にあたる東部信託公社、その背後に控えた、四ヵ年計画担当ゲーリンク元帥等は、いち早く占領地における自らの権益の拡大を図った。

しかし、ポーランドに対して、もっとも積極的に関与し、ヒトラーの意思に忠実にポーランド政策を実施していったのは、なんといってもヒムラーの親衛隊であった。またヒトラーも、ポーランドの占領政策では、ヒムラーと親衛隊を常に支持した。

開戦直後から、ハイドリヒの組織した親衛隊の特別行動部隊が、ヒトラーやヒムラーの意向をうけて、前線の背後のゲリラ掃討という名目で、ポーランド知識人、指導者階層の血なまぐさい絶滅作戦を展開した。集団的犯罪としかいいようのない、こうした殺戮作戦を展開できる部隊は、ドイツ第三帝国には親衛隊以外には存在しなかった。

いうまでもなくこの作戦は、ポーランドの社会階層の構成を解体し、ポーランド人を奴隷化して利用するための措置である。同時に、新たに帝国に編入された領土にゲルマン民族の入植を実現するために、そこに住むユダヤ人やポーランド人の多くを、総督府領に追放することが計画された。併合地区は、ゲルマン

親衛隊による殺戮
捕えた者に穴を掘らせ、その上で射殺する。

民族の地上の楽園への第一歩となるはずであった。

RKF

似非ロマン的空想家のヒムラーは、東部戦線開始とともに、親衛隊が東方ゲルマン帝国実現の中軸となることを望んだ。若き日の〈アルタマンネン農民運動〉以来の、東方植民の夢が、今こそ親衛隊という新たな騎士団によって実現されるチャンスがとうとうやってきたのである。

そのために重要な足がかりは、かれが一九三九年十月七日、ヒトラーによってドイツ民族性強化帝国全権委員（Reichskommissar für die Festigung deutschen Volkstums 略してRKF）に任命されたことである。ゲシュタポなどと比べると聞きなれない役職名であるが、戦争開始とともに、これはヒムラーにとって、武装親衛隊や絶滅収容所と並んで最も重要な部局となった（RKFの組織はほどなく親衛隊内部に移された）。ヒトラーによるRKFの布告には、次のような任務が記されている。

ヨーロッパにおけるヴェルサイユ条約の効力は除去された。それとともに、大ドイツ帝国は、これまで他国で生活しなければならなかったドイツ人を、帝国内に受け入れ、定住させ、さらにその利益圏内で、さまざまな民族グループによりよい境界線を与えて移住させる可能性を得た。

（中略）

総統の基本方針によって、親衛隊帝国指導者には次の責務が与えられる。

①最終的帰還が見こまれる外国に住む帝国籍の、また民族上のドイツ人を帝国に連れもどす

こと。
②帝国とドイツ民族共同体に対して危険な、民族的異分子の有害な影響を排除すること。
③とくに外国から帰還する帝国籍の、また民族上のドイツ人に居場所を与えることによって、移住による新しいドイツ人の入植地を形成すること。

親衛隊帝国指導者には、こうした責務の実行に必要なあらゆる一般的命令を公布したり、行政措置をとる権限が与えられる[21]。

東方に純血のゲルマン人種帝国を建設するために必要なことは、簡単にいえば、一方でそこに住む異民族（ポーランド人、ユダヤ人、スラブ系民族など）を追放することであり、他方で、この新しい生存圏に入植するゲルマン人種を呼び集め、数を確保しながら血統上の純化を図ることである。

前者は人種的、民族的な〈耕地整理（Flurbereinigung）〉と呼ばれ、具体的には追放、強制移住を意味した。後者は〈民族改造（Umvolkung）〉、〈再ドイツ化〉、〈民族帰還（Rückvolkung）〉などと呼ばれ、具体的には、異民族のなかからゲルマン系の人々をドイツ人化すること、また帝国の領土外で生活していた民族ドイツ人を東部へ入植させることを意味した。

こうした二重の課題を執行するために、RKFは設立されたのである。そしてポーランドのポーゼン、ダンチッヒ、リッツマンシュタット（ウッチ）には、主として追放に携わる「移住本部（UWZ）」が設置された。また民族ドイツ人の帝国移住については、すでに設置されていた「民族ドイツ人連絡局（Vomi）」や「人種・移住局（RuSHA）」の他に、「移住本部（EWZ）」が新設された。

さらに重要なのは、「親衛隊・警察高級指揮官（HSSPF）」の制度である。これは、ヒムラーの直属の、強力な権限を付与された役職であり、ドイツ占領地、とくに東方の新しい管区に派遣され、重要な役割をはたした。かれらは作戦にあたって、親衛隊、警察、保安本部との連絡調整にあたったが、ヒムラーがRKFに任命されたことによって、かれらもまたRKFの活動の一翼を担うことになったのである。

民族ドイツ人

民族ドイツ人の問題について少し説明が必要である。

もともとドイツ人は、中世以来、東ヨーロッパ、あるいはロシアの領内に集団で移住し、その地にドイツ系住民の居住地を形成していた。ドイツ国籍はないけれども、血統的に見ればドイツ人である彼らは、民族ドイツ人と呼ばれた。

ヒトラーがチェコスロヴァキアのズデーテン地方に住むドイツ系住民に対する迫害を、チェコ侵略の口実にしたことはすでに触れた。民族ドイツ人の住む地域は、バルト諸国の他、ポーランド、ロシア、ルーマニアなどにまたがり、ガリチア、ブコヴィーナ、ベッサラビア、ドブルジャ等の地方が有名であった。

ドイツのポーランド侵略が開始される直前、ヒトラーはスターリンとの間で独ソ不可侵条約を結んだ。これには悪名高い裏取引があって、ポーランドを両国で分割するほか、東方のドイツ系住民をドイツ帝国内に帰還させ、対価と引き換えにその地をロシアに明け渡すことになっていた。いったいどれほどの民族ドイツ人が帝国へ帰還することになっていたのだろうか。

エストニアやラトビアから八万人、リトアニアから五万人、ボリニア、東ガリチア、ナレフ地域から一三万四〇〇〇人、ベッサラビアと北ブコヴィーナから一三万六〇〇〇人、さらにルーマニアから七六万七〇〇〇人。ドイツはこれだけの民族ドイツ人を抱え込むことになったのである[22]。

またイタリアのムッソリーニとの友好関係を維持するために、イタリアの西チロル地方のドイツ系住民も、かねてよりドイツは引き取らなければならなかった。かくして、数十万人の民族ドイツ人の帝国帰還は、ドイツ指導部に負わされた緊急の政治課題であった。

血を奪い、盗む

と同時に、これはヒトラーやヒムラーのユートピア、すなわちゲルマン民族の楽園建設への格好の手がかりでもあった。帝国内の農民を入植に募ってもそうは集まらないから、ドイツ併合地域へは、まず民族ドイツ人の入植が計画されたのである。しかし、血の神秘家ヒムラーはそれだけでは満足しなかった。かれは、ゲルマン的血統の再獲得、そのために必要とあれば血を盗み、血を奪う政策について、確信を込めてこう述べている。

世界中のすべての良き血、すなわちゲルマン人の血は、ドイツの側にいなかったときは、われわれの破滅でありえた。それゆえ、最良の血を持つゲルマン人をドイツに連れてきて、ドイツ意識を持ったゲルマン人にするつもりである。わたしは実際に、世界中のゲルマン的血を集め、そうできるところでは、奪い、盗んでくるという考えを持っている[23]。

ヒムラーが血を奪い、盗むといっているのは、民族ドイツ人の入植だけでは、一億人の東部ゲルマン帝国の建設には、とうてい間に合わないからである。ヒムラーは異民族を追放するだけでなく、ポーランドやチェコの子供たちのうち、ゲルマン的血を引いていると思われるもの（長身、長頭、金髪碧眼）を、ドイツに連れかえってドイツ化したいと考えていた。ヒムラーは〈食卓談義〉のなかでも、他民族に人種という投網をかけて、ゲルマン人種の血をすくいあげるのだと語っている。

その考えが典型的に示されているのは、ヒムラーが一九四〇年五月にヒトラーに提出して認可を得たとされる、「東部における異民族の取り扱いに関する若干の考察」と題された極秘文書である。もっともその〈食卓談義〉を見ると、ヒトラーはこうしたヒムラーの血の神秘主義には疑問を懐いていたようだ。速記録を管理していたM・ボルマンも、気味の悪い考えだとメモしている。

社団法人〈生命の泉〉

その文書でヒムラーは、ポーランドや東部地区に住む総計一三〇〇万の異民族を、人種の篩《ふるい》にかけ、「人種的に価値ある子供をドイツに送還し、ドイツに同化させる」方針を述べている。人種的に価値のない子供たちは、せいぜい五百くらいまで数えたり、名前を書いたりする程度の知識を与えるだけで、いずれ「指導者なき労働民族」、「移動労働者」として、支配民族のために、奴隷の役割を果たすことになっていた[24]。

ゲルマンの血を集めることは、まさしくヒムラーの政治思想の根幹を成すものであった。帝国へ帰還する民族ドイツ人と、血の投網《とあみ》にかかったゲルマン化可能なポーランド人たちは、ゲルマン人種の庭園の建設に必須の資源と見なされることになったのである。

すでに一九三五年、ヒムラーは、ゲルマン的血の収集政策を実現するために、「人種・移住局」に社団法人〈生命の泉〉を設立し、子供を望むドイツの未亡人に親衛隊員を紹介したり、未婚の母親から子供を預かる仕事に手を染めていた。ヒムラーの考えでは、ゲルマン民族の将来のためには、一夫一婦制はドイツの桎梏となっているのである（これはヒトラーの考えでもある）。「人種・移住局」はポーランド人のリストに基づき、血統の選別をポーランド各地で実施し、一部の子供は〈生命の泉〉にも送られた。

こうしてヒムラーの構想する東部帝国においては、一方でゲルマン血統のドイツ農民と、新しい貴族である親衛隊騎士団が〈支配民族〉を形成するが、他方ポーランド人やスラブ系住民は〈劣等人間〉とされるのである。

これら劣等人間が諸君を常に眼にとめているように、常に上官の姿を眼にしているように、諸君は注意を払うことである。これは動物の場合と同じである。動物は調教者を眼にとめている限り、何もしない。諸君は常に、この連中は家畜であると意識していなければならない。こうした心構えで、われわれはロシア人を利用することができるだろうし、スラブ人に対して常に優越を保つことができるだろう。それ以外の考え方は一切だめである[25]。

ヒムラーの一九四三年の言である。

3　東部総合計画――理性とユートピア

専門家こぞって

第三帝国の支配は、一部の無法者によって牛耳られていたわけではない。支持の度合は異なっているが、さまざまな社会組織とその指導者たちがそれを支えた。ヒトラーがとくに内外に目覚しい成果を上げてからは、多くの社会的指導階層の人々、知識人が、さまざまな動機からナチの政策に積極的に参加した。ヒトラーに加担した学者といえば、真っ先に思いつくのは医学者（とくに遺伝学者、衛生学者）であり、かれらによって為された強制収容所における身の毛もよだつ人体実験であろう。

われわれがここで取り上げるのは、農業政策、地域開発、都市計画の専門家たちである。かつてミュンヘンで農学を学んだヒムラーは、東方大帝国を、農業を中軸にした生存圏であるとともに、「ゲルマン的血の種苗園」[26]として、ゲルマン人種の品種改良、飼育の場としても考えていた。

ドイツ民族性強化を委ねられた指導者として、ヒムラーは、ドイツ併合地域やポーランド（一九四一年夏以降はソ連占領地を含めて）をドイツ人の入植地とすべく、RKF内に研究グループを組織し、その代表に、親衛隊所属のベルリン大学教授（農業および農業政策研究所長）コンラート・マイアー・

模型を前に計画を説明するマイアー（前列向かって左から２人め）

ヘトリンクを任命した。そしてマイアーを中心とした研究グループが作成した、東方ゲルマン帝国の見取り図が、いわゆる「東部総合計画（Generalplan Ost）」なのである。

大演説

この計画にこめられていたアイデアはいかなるものであったのだろうか。マイアーの第一次プランは一九四〇年一月に、第二次プランは一九四一年六月に、第三次「東部総合計画」は一九四二年五月にヒムラーに提出されたが、その翌月の一九四二年六月、ヒムラーはベルリンで次のように演説している。少し長いが引用してみたい。

ボヘミア・モラビア［チェコ・スロヴァキア――引用者、以下同］、ドイツ東部の諸管区、すなわち南東プロイセン、ダンチッヒ

・西プロイセン、ヴァルテガウ、オーバーシュレージエン（オーバーシレジア）、総督府領、さらにオストランド［バルト諸国のこと］、クリミア半島、インガーマンラント［サンクトペテルブルク周辺のこと］が、もしも戦後二十年で全面的にドイツ人によって入植されないとすれば、あくまで人種的な観点、すなわち血の観点からすればの話だが、この戦争には何の意味もなくなってしまう。これはわれわれが、その時まで生きていればだが、平和に対して設定した課題である。われわれは次の点を明確にしておかなければならない。アドルフ・ヒトラーの下で建設された農家が存在することになる。アドルフ・ヒトラーの下でその所有者によってゲルマン化された耕地は、ドイツのものであり、ゲルマン的である。住民がドイツ人なのだから、土地はドイツ化されている。われわれは当然、後に続く者たちがさらに何らかの貢献をしてくれると信じている。しかし今絶対になさねばならないことがある。すなわちわれわれは、千五百年以前からのわれわれの歴史に、輝かしい絶頂を極めたこともあれば際限ない弱点、深淵に苦しんだこともあるこの歴史に、まったく堅固な基盤を与えるのである。そうした基盤の上でなら、五十年、八十年、百年、いや二百年後にやって来るわれわれの後継者は、何らかの弱点を持ち何らかの愚行を演ずるかもしれないが、そのことによってゲルマン帝国の基礎と中核は動かされることがないのである。諸君、われわれはこのためにまだ為さねばならないことがある。

もしもわれわれがここで煉瓦を焼き、われわれの収容所を奴隷で満たさないとしたら、――この場でわたしはものをはっきり言いたいのだが――連中の摩滅などかまわず、われわれの町や村や農家の建設にあたる労働奴隷で満たさないとしたら、実際にゲルマン人をそこに住まわせ、最初の世代でそこに根付かせるような移住を実現するための資金を、何年にもわたる戦争の後で持つことはできないであろう。

第二の課題は、ゲルマン的民族をわれわれに連れ戻し、われわれと融合させることである。第三の課題は、今われわれが実施しているところだが、ヨーロッパにおける移住と民族移動である。ユダヤ人の民族移動を、われわれは間違いなく一年以内に終えているだろう。その後はもはや移動する者はいない。というのは、今こそ問題を解決せねばならないからだ。わたしは、後にわれわれの下で働く異民族の民族移動のことを考えている。われわれが、後に移動労働者を必要とすることは確実である。その連中が子供を生みたいなら、何処かで生めばよいが、われわれのもとでは絶対だめだ。この辺で家族を持ったり、巣を造ったりすることは認められないし、認めてはならない。連中はここで働き、秋になったらまた出て行くのだ。収容所に集めておくのもよい[27]。

ここには、ヒムラーが望んだ東部総合計画、ゲルマン帝国構想のエッセンスが述べられている。対ソヴィエト戦勝利への希望は、東部計画を驚くべき規模にまで膨張させた。占領していたポーランド領域を遥かに超えて、北はレニングラード（サンクトペテルブルク）から、ウクライナを縦断して、南は黒海に面したクリミア半島までが、東方ゲルマン帝国の版図に組み込まれているのである。そしてこうした拡大構想の前提は、当地の異民族をさらに東部へ追放し、同時に一部を奴隷化して、入植したゲルマン民族のために使役することである。また同時に、『ヒムラーの秘密演説』の編者が注記しているように、ヒムラーはここでユダヤ人の抹殺も、間接的な表現ながら暗示している。

冷戦の崩壊とともに——新しい資料が

東部総合計画に対する戦後の初期の研究は、一九五八年の『季刊現代史』に発表されたH・ハイバーの「東部総合計画」であろう。そこでハイバーは三点の資料を公開し、ヒトラーの政治構想に光をあてたが、当時はその計画の持つ意味が、ナチズムの「ファンタジイ」という以上に理解されていたとはいえない[28]。

しかし、東部総合計画はたんなる幻想ではなく、ヒトラーやヒムラーの政治構想の核心であり、同時にユダヤ人やポーランド人、ロシア人に対する、強制労働と絶滅、追放と奴隷化という野蛮な計画と不可分なものであった。そこには、入植計画のみならず、ポーランドやロシアにおける親衛隊特別行動隊の射殺作戦や、後のユダヤ人問題の「最終的解決」への通路も見いだすことができるのである。

東部総合計画の計画的合理性が、冷酷かつ残虐な狂気と表裏一体であったことが明らかにされたのは最近のことであり、その背後には、冷戦の崩壊とともに始まった、東ヨーロッパにおける新しい資料の発掘という状況がある[29]。

ただし、東部総合計画は、単一のまとまった文書ではない。「東部総合計画」を狭く解釈すれば、それはすでに述べたように、ヒムラーに依嘱されたマイアーを中心とするRKFの作成した計画案であるということになる。しかし、東部の総合計画、とくに強制移住と入植を計画したのは、同時に帝国保安本部RSHA（そのなかの保安部SD—内局）でもあった。したがって広義では、東部計画には、RKFのものと帝国保安本部のものと、二系列があったことになる。

しかしK・H・ロートが言うように[30]、双方の計画を比較してみると、大学研究室を中心としたRKFのプランの方が、帝国保安本部のものよりも遥かに洗練され、理論的にも精密化され、研究者の熱意が感じられるものである。それはおそらく、帝国保安本部の計画が、その必要性からして追放政策に重点を置いていたからであろう。実際、農場や居住地の設計図、積算された社会統計表などを見ると、RKFの作成した「東部総合計画」は総論的な文書だけでなく、地域開発、建築技術、財政や統計などの知識が総合的に活用されていたことがわかる。

史上最大の民族移動プラン

またそれぞれの東部計画は、一九四〇年から四三年にかけて、変更されたり、具体化プランが練り直されたりしている。資料は文書だけではなく、かなり膨大な図版、統計カードなどから構成されている。

さらに、これら広義の東部総合計画の内、幾つかの重要なプランが紛失したままである。一九四一年七月に提出されたマイアーの第二次東部総合計画や、一九四一年末か一九四二年初頭に作成された帝国保安本部の計画などは発見されていないのである（ただし後者については、東部占領省大臣ローゼンベルクの依頼でこれを鑑定したヴェッツェル博士の記録が、前掲ハイバー論文に収録されている）。

空間的に見ると、マイアーの第一、第二計画は対ソ戦開始前であるから、対象は当然ポーランド、すなわち東部併合地域と総督府領に限定されている。一九三九年九月、ポーランドを瞬く間に占拠した後で、ヒトラーは側近にポーランド政策をこう指示した。

①ヴィスワ川とプーク川の間に、ユダヤ人全員（帝国のユダヤ人も）、さらに信用できない連中を集める。ヴィスワ川に沿って、難攻不落の東部城壁を築くこと――西側よりも強力なものにする。

②従来の国境に沿って、ゲルマン人の植民による広い帯を造る。ここにドイツ民族にとって巨大な任務が課せられる。すなわち、ここをドイツの穀物庫とし、強力な農民と良きドイツ人を世界中から移住させる。

③ヴィスワ川とプーク川の間を、ポーランド〈国家領域〉とする。数十年後にドイツ人の移住帯がここまで東進してくるかどうかは、将来に懸かっている[31]。

したがって、マイアーの当初の東部計画は、右のヒトラーの方針に見合って、新たに併合されたヴァルテガウやツィヘナウへの民族ドイツ人の入植を中心とするものだった（一六四～一六五ページの図①と②）。

またヴィスワ川とプーク川の間というのは総督府領のルブリンやクラクフ管区であって、実際一九三九年にハイドリヒは、ユダヤ人すべてをルブリンあるいはニスコに追放し、そこに〈帝国ゲットー〉を建設する方針を宣言していた[32]。それだけでも百万単位の民族の追放と移住が予定されていたから、それ自体史上最大の民族移動プランといってもよかった。

さらにファンタジイは膨張した

それが変化し、ドイツ人入植地が当時のソヴィエト領内深くにまで拡大されたのは、いうまでもなくバルバロッサ作戦の〈電撃戦〉の目覚しい成功によっている。

一九四二年五月の第三次「東部総合計画」において、またそれに先立つ帝国保安本部のプラン（ヴェツェルの鑑定記録）によれば、併合地域や総督府領のみならず、北はレニングラード一帯、その南西のメーメル・ナレフ地域、さらに南に下がってアゾフ海や黒海に面したクリミア半島の一帯が、さらに「マルケン（辺境領土）」としてドイツ人によって入植されることになった（マイアーによればこれら「マルケン」はさらに五つに区分される）。

これら「マルケン」を結ぶものは、大陸横断的なアウトバーン網である。バルバロッサ作戦の初期の勝利によって、東部総合計画は一気に多幸症的レベルにまで拡大したといえるであろう。当初の予定では、すべての「マルケン」が二十五年以内に五〇パーセント、ゲルマン化される予定であった（その後二十年に短縮された）。

前記三地域の「マルケン」とともに、ドイツ人植民地域一帯に、総計三十六ヵ所の「防衛基地」が配置された。「防衛基地」は、基本的にドイツ帝国と「マルケン」を結ぶ鉄道、アウトバーン沿い、およそ一〇〇キロごとに設けられ、それぞれ二〇〇〇平方キロメートルほどの広さを持ち、地域の行政、軍事拠点となるものである。もしも近郊で、また労働奴隷の収容所などで不穏な動きがあれば、ここから即座に親衛隊騎士団が派遣され、地域を平定することになっていた。「防衛基地」の住民のドイツ化は二五パーセントが見こまれる（一六六ページの図③）。必要とされるドイツ系入植者はおよ

◆図①

1940年1月にRKFが作成した最初の「東部総合計画」

以下①〜④の図は、M.Rössler,S.Schleiermacher(Hg.),Der Generalplan Ost(Akademie Verlag,1993)より。

◆図②

1941年7月15日の第二次「東部総合計画」

総督府の西側境界
改造ゾーン
新造ゾーン
コンラート・マイアーによる東部国境地域
100km
メーメル
カウナス（コヴノ）
ケーニヒスベルク
帝国コミッサリアート
オストランド
ダンチッヒ
東プロイセン
ズヴァルキー地域
帝国管区
ダンチッヒ・
西プロイセン
ポメルン
ビャウイストク
ツィヘナウ
ポーゼン
ワルシャワ
帝国管区ヴァルテラント
リッツマンシュタット
（ウッチ）
帝国
コミッサリアート
ウクライナ
ラドム
ブレスラウ
ルブリン
シ
レ
ジ
ア
東オーバー
シレジア
総　督　府
ザモシチ
クラクフ
レンベルク
ステーテンランド
ベーメン、メーレン
保護領
スロヴァキア
ハンガリー

◆図③

1942年5月28日の第三次「東部総合計画」

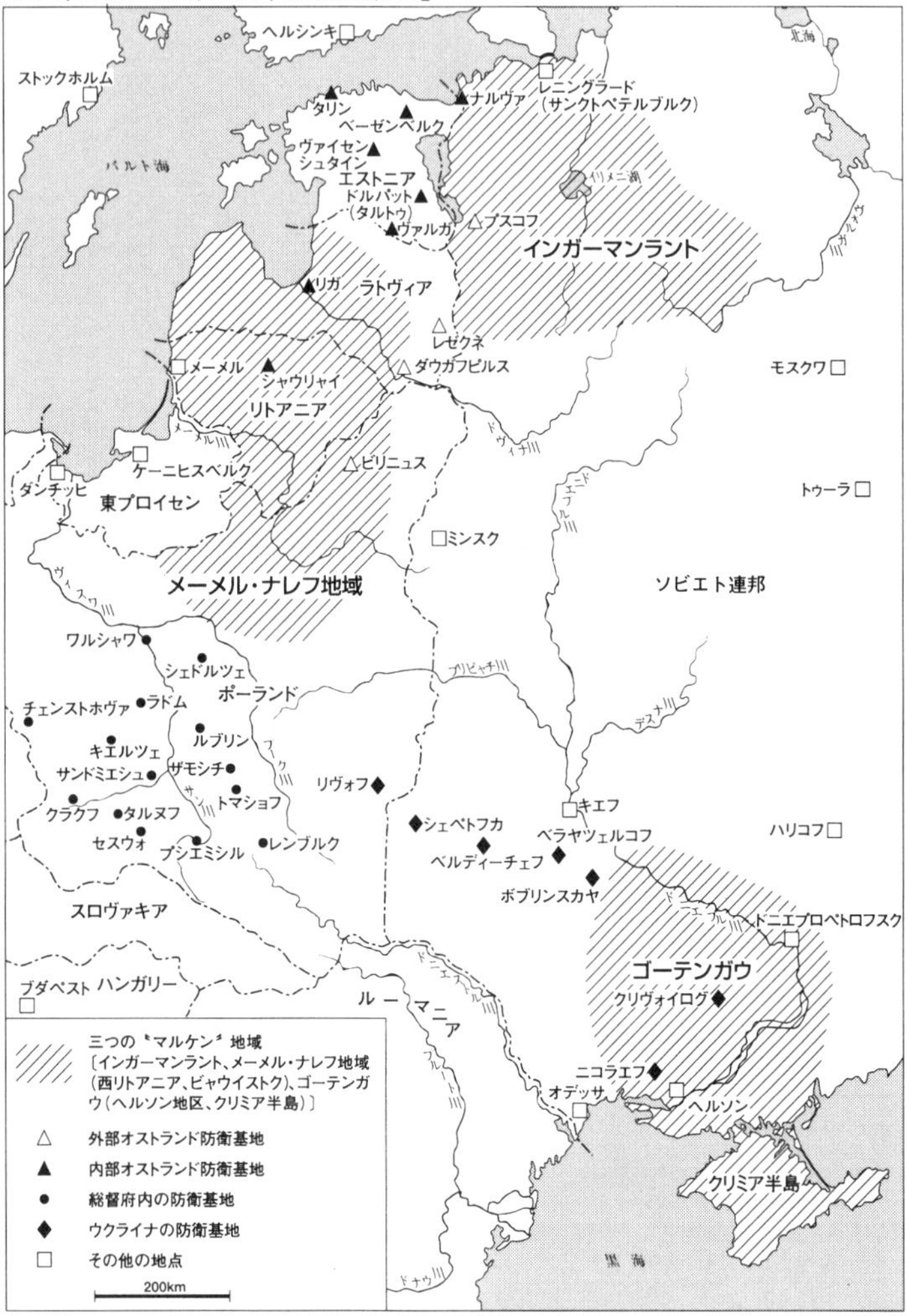
ヘルシンキ
ストックホルム
タリン
ナルヴァ
レニングラード
（サンクトペテルブルク）
ベーゼンベルク
ヴァイセンシュタイン
エストニア
ドルパット（タルトゥ）
ヴァルガ
プスコフ
インガーマンラント
リガ
ラトヴィア
レゼクネ
メーメル
シャウリャイ
ダウガフピルス
モスクワ
リトアニア
ケーニヒスベルク
ビリニュス
ダンチッヒ
東プロイセン
トゥーラ
ミンスク
メーメル・ナレフ地域
ソビエト連邦
ワルシャワ
シェドルツェ
ポーランド
チェンストホヴァ
ラドム
ルブリン
キエルツェ
ザモシチ
サンドミエシュ
リヴォフ
クラクフ
タルヌフ
トマショフ
キエフ
シェペトフカ
ハリコフ
セスウォ
プシエミシル
レンブルク
ベラヤツェルコフ
ベルディーチェフ
ボブリンスカヤ
スロヴァキア
ドニエプロペトロフスク
ゴーテンガウ
ブダペスト
ハンガリー
ルーマニア
クリヴォイログ
ニコラエフ
オデッサ
ヘルソン
クリミア半島
三つの〝マルケン〟地域
〔インガーマンラント、メーメル・ナレフ地域（西リトアニア、ビャウイストク）、ゴーテンガウ（ヘルソン地区、クリミア半島）〕
外部オストランド防衛基地
内部オストランド防衛基地
総督府内の防衛基地
ウクライナの防衛基地
その他の地点
200km

そ五〇〇万人、必要とされる労働奴隷（異民族や戦争捕虜を利用することになっていた）は、五年ごとのそれぞれの段階で四五万人、かかる費用はしめて六六六億マルクと見積もられた[33]。この資金は、西側などの征服地からせしめる献納と特別税、さらに帝国の国債などで賄《まかな》われることになっていた。

計画はやがてさらに拡大されて、コーカサスやトルキスタンが「支配地域」に、北方ロシア―シベリアが親衛隊の「委任統治領」とされるところまでファンタジイは膨張した（一六八～一六九ページの図④）。

ゲルマン民族の〈黄金郷〉

それでは「東部総合計画」では、いかなるモデルが考えられていたのであろうか。

端的に言えば、それは都市型モデルではなく農村型であり、「中世―農業的社会秩序の模範」に従ったものである。

入植の基本形は、農民と新貴族たる騎士団から成る〈武装農村〉である。かつてのプロイセンにおける入植村、また中世騎士団による東方植民の歴史的ロマンが、新たに形成されるゲルマン民族の〈黄金郷〉の構造を規定することになった。

こうした〈武装農村〉の生活イメージは、個々の計画プランの数値や設計図を見るよりも、文学的に表現したほうがわかりやすいと思われる。J・フェストは、ヒムラーの言葉を引用しながら、それを巧みに描き出している。

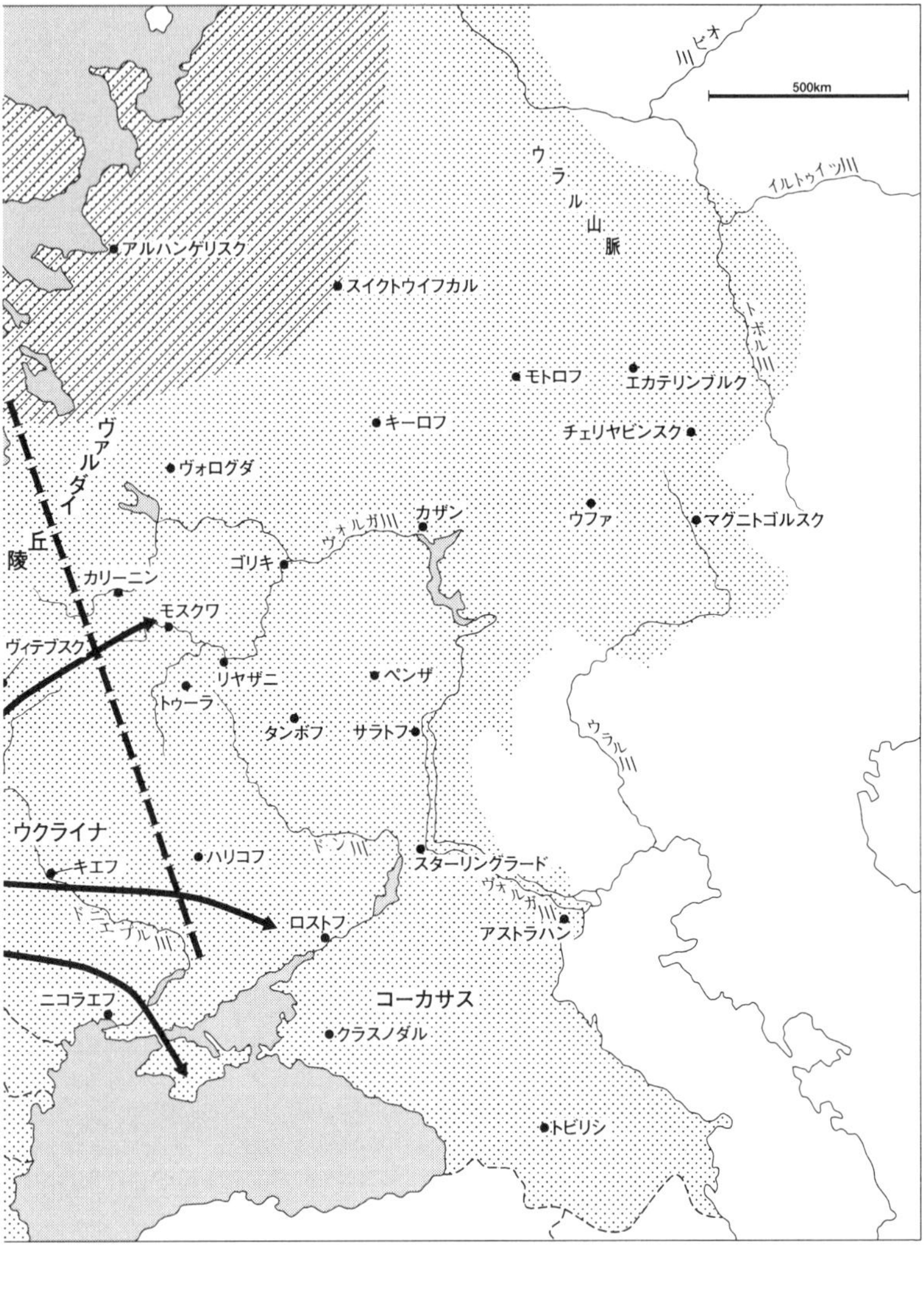
500km
オビ川
イルトゥイッ川
ウラル山脈
トボル川
アルハンゲリスク
スイクトウイフカル
モトロフ
エカテリンブルク
キーロフ
チェリヤビンスク
ヴァルダイ丘陵
ヴォログダ
カザン
ヴォルガ川
ウファ
マグニトゴルスク
ゴリキ
カリーニン
モスクワ
ヴィテブスク
リヤザニ
ペンザ
トゥーラ
タンボフ
サラトフ
ウラル川
ウクライナ
ハリコフ
ドン川
スターリングラード
キエフ
ヴォルガ川
ドニエプル川
ロストフ
アストラハン
コーカサス
ニコラエフ
クラスノダル
トビリシ

◆図④

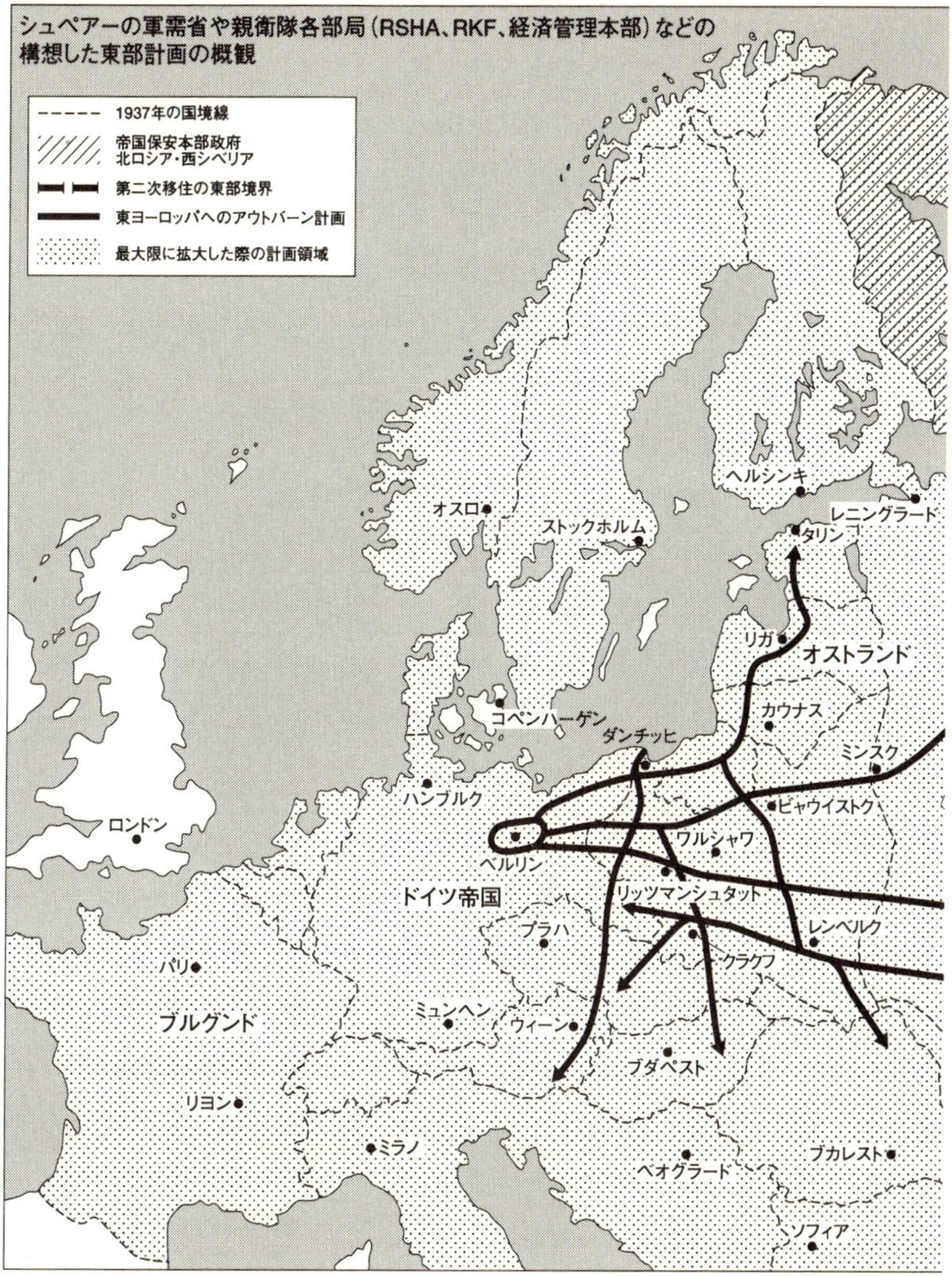
シュペアーの軍需省や親衛隊各部局（RSHA、RKF、経済管理本部）などの構想した東部計画の概観
1937年の国境線
帝国保安本部政府
北ロシア・西シベリア
第二次移住の東部境界
東ヨーロッパへのアウトバーン計画
最大限に拡大した際の計画領域
ヘルシンキ
オスロ
ストックホルム
レニングラード
タリン
リガ
オストランド
コペンハーゲン
ダンチッヒ
カウナス
ミンスク
ハンブルク
ビャウイストク
ロンドン
ワルシャワ
ベルリン
リッツマンシュタット
ドイツ帝国
プラハ
レンベルク
パリ
クラクフ
ブルグンド
ミュンヘン
ウィーン
ブダペスト
リヨン
ミラノ
ブカレスト
ベオグラード
ソフィア

時の経過とともに、ここには新しく建設された黄金郷が生まれることになっていた。そこには防衛基地、礼拝堂、武装農村や死者を記念する城が、そしてそれらの間に、過労死などお構いなしにわれわれの町や村、農家を建設する労働奴隷の収容所が配置される。こうした美しい新世界は、衛兵塔やウラル山脈の上空を警戒する設備を備えた駐屯兵によって環状に取り巻かれており、そのなかを、新しい人類の前衛、戦士たちの子孫が行進するのである。かれらは淘汰を潜《くぐ》りぬけ、人種間闘争によって鍛えられ、支配者、戦士さらに立法者として帝国を守護し、統治にあたるのである。これこそヒムラーが熱中した〈ゲルマン的血の城壁〉であり、その背後の〈金髪の地域〉には、いつでも武器を取る民族が田畑を耕し、習俗を尊重し、子供たちを育てるのである。とはいえ時には、かれらは武器をとって未だに征服されていない遠くアジアの国々に出撃し、戦利品を獲得するとともに、自らの戦士の証を立てるのである[34]。

まことに東部の広大な大地は、ヒムラーの歴史ロマン主義と生物学的人種改良事業に、格好な土台を提供するものであった。

ある帝国保安本部の試算によれば、ドイツは、三五万平方キロメートルの耕地を含む七〇万平方キロメートルの移住面積を新たに獲得することになるが、これはポーランド戦直前の帝国の総面積五八万三〇〇〇平方キロメートルと比べると、いかに膨大であるかがわかる。将来この広大な帝国には、二億人の金髪碧眼のゲルマン人種が〈エデンの園〉を形成するのである。

共通理解は三一〇〇万人

この壮大な計画を、いったいいかにして実現しようというのであろうか。まずはこの地方に住む住民の問題がある。帝国保安本部の保安部（SD）の「東部総合計画」立案責任者であったH・エーリヒは、一九四二年末時点でドイツ占領下に住む異民族を約七〇〇〇万人と推定している。チェコ人が七〇〇万人、ポーランド人が二二五〇万人、バルト三国人が合わせて四一〇万人、白ルテニア（ウクライナ）人が五〇〇万人、ウクライナ人が三〇〇〇万人である。

これに対してエーリヒは、四つの政策的選択肢があるという。

第一は、さまざまな異民族との共存であるがこれは問題にならない。

第二には、異民族のうちゲルマン的資質の者をドイツ化することである（民族改造）。

第三には、異民族の強制的立ち退き、つまり追放である。

最後には、ドイツ領内にいる好ましくない異民族を、肉体的に抹殺することである[35]。

異民族のドイツ化は、民族ごとに予定パーセントが異なるが（最も低いのがポーランド人で五パーセント程度、高くてチェコ人の五〇パーセント）、それほど多くは見込めない。結局労働奴隷を残して、およそ三一〇〇万人くらいはシベリアの彼方に追放するしかない。当時さまざまな部局で、追放異民族は三一〇〇万人というのが共通理解となっていた。

ユダヤ人問題は後に論ずるが、ヒトラーやヒムラーのユートピアは、数千万の異民族を追放することによって成り立ち、肉体的抹殺や強制労働による消滅を視野に入れたものであった。M・レスラーとS・シュライエルマヒャーはこう述べている。

〈東部総合計画〉は、アカデミックな研究とナチズムの計画との、理論とその応用との、新しい理論的アプローチと合理的な絶滅政策との、緊密で特殊な結び付きを代表するものである。〈東部総合計画〉は決して紙に書かれた文書からだけで成り立っているのではなかった。してみれば、コンラート・マイアーは決して〈机上の殺戮者〉ではないのである[36]。

挫折が野蛮を生んで

「東部総合計画」は、それではどれだけ実現されたのだろうか。

帝国併合地域などへの民族ドイツ人の入植、ポーランド人やユダヤ人の追放は、一九三九年以降、確かに実施された。しかしそれは同時に計画の挫折の歴史であった。もちろん、スムーズに進まなかった分だけ、その野蛮さ、凄まじさは増したともいえる。バルバロッサ作戦、ロシア撲滅を目指した総力戦のさなか、総計数百万に上る人々の追放と移住は、帝国保安本部やＲＫＦのスタッフがいくら夜も昼もなく働いても、人員的にも交通輸送手段においても、また物資の上からも、完全には不可能であった。

一九三九年から一九四二年までの追放と移住のプロセスについては、ゲッツ・アリーの『最終的解決』が詳細に明らかにしている。併合地域に帰還してきた民族ドイツ人の多くは、ポーランド人の追放が思うようには進まなかったため、全体で千五百ヵ所あまり設けられた一時滞在所に収容されたが、なかなか入植できないので次第に不満が高まってきた。一九四一年夏には、リトアニアからの民族ドイツ人三万人が、痺《しび》れを切らせて、以前のリトアニアへ戻り始める始末であった。

企画立案者や執行者の徐々に募る焦りが、追放を次第に乱暴なものにし、やがて手段を選ばない殺戮劇を次々と上演することにつながっていった。たとえば、病院を帰還民族ドイツ人の一時収容施設とするために、重度障害者や精神病者が次々と殺害されていった。

ポーランド人やスラブ系住民でさえ、場合によっては肉体的抹殺の対象とされたのだとすれば、まして ドイツの敵であり、ペスト菌であるとされたユダヤ人を抹殺して悪い理由はどこにも存在しないことになろう。すでに述べたように、移住と入植計画の責任者エーリヒは、異民族の肉体的抹殺まで視野に入れていたのである。やがて開始されるヨーロッパ・ユダヤ人の「最終的解決」、ホロコーストへの扉は、すでに追放と入植の実行者たちの間では、少しずつ開かれ始めたのである。

さらに東方の移住について言えば、一九四三年末からは、連合軍のドイツ都市空爆や占領地区のパルチザン蜂起、ロシア軍の本格的反撃開始で、入植どころではなくなってきた。唯一の例外は、一九四二年末から一九四三年夏までの間に、総督府領ルブリン管区ザモシチ地区で実施された、ポーランド人の完全追放とドイツ人の入植実験（親衛隊の特別実験室といわれた）であり、またロシア領内の親衛隊帝国指導者ヒムラーの前線司令部付近、ヘーゲヴァルトへの民族ドイツ人一万人の入植であった。

一九四四年七月末になっても

しかし、実際に計画は頓挫したとしても、ゲルマン人の楽園を東方に建設するというヒムラーのユートピアは決して色褪《あ》せることがなかった。すでに連合軍がノルマンディーに上陸し、東部戦線が大きく崩れ始めた一九四四年七月末になっても、ヒムラーは将校団を前にした演説をこう締めくくっている。

諸君、未来を考えてみたまえ。われわれが勝利してから二十年後のことを想像してみたまえ。わたしがここで諸君に保証したように、勝利は間違いないのだから。そうすれば諸君は、こう考えるだろう。この戦争の意義はなんだろうか。戦後はいったいどうなるのだろうかと。この戦争の意義は、全世界に対して、大ドイツ帝国の存在を歴史的に承認させることである。それだけでも実に大したものといえるだろう。そのためだけでも、六年間の戦いを遂行した意義としては充分であろう。フリードリヒ大王は、僅か二五〇万人の国家を承認させるためにだけでも、七年間もより絶望的な状況で戦わねばならなかったのだ。だがこの戦いはそれ以上のものだ。それは、大ゲルマン帝国の始まりであり基礎工事なのである。われわれと同じ血を持つゲルマン系統の三〇〇〇万人、すなわちデンマーク人やフラマン人、オランダ人、ノルウェー人等々を受け入れることによって、われわれの民族基盤を拡大することである。

(中略)

戦争の意義は、ドイツ民族の国境線を、一九三九年の時点よりも、少なくとも五〇〇キロメートル東へ拡大することである［東部総合計画では一〇〇〇キロ以上だった——引用者］。この東部空間に、ドイツの息子たち、ドイツの家族たちを、言い換えればゲルマン的息子たちとゲルマン的家族を、移住させることが肝要である。そうなればここはゲルマン的血の種苗園となるであろう。

そのことによって、われわれはさらに農耕民族でありつづけることができるのである。われわれはすでに農耕民族ではなくなっていたのだ。わが民族における農業人口は常に減少を続けてきたのだから[37]。

J・フェストはヒムラーの人格のなかに、「非現実的なファンタジイと計画的合理性という」[38]二重性を指摘しているが、これこそナチズムそのものの性格であり、「東部総合計画」は、親衛隊の異形のユートピアと技術合理性との総合を、端的に表したものといえるであろう。

第五章

最終的解決

——二度と書かれざる栄光

カルテンブルンナー（右端）とヒムラー。（1944年）

1　ヒトラーの反ユダヤ主義

ここでもう一度

ナチズムが政権を掌握したことによって、反ユダヤ主義は歴史上初めて、国家の政策となった。それは一部の狂信家の叫びや、社会的ムードではなくなったのである。

反ユダヤ主義は東方ゲルマン帝国構想と並んで、というよりも密接に絡み合って、ナチズムの政治思想、世界観の核心を成している。すでに第一、二章でドイツにおける反ユダヤ主義の展開と合わせて、ヒトラーの反ユダヤ主義について簡単にふれておいたが、ユダヤ人問題の最終的解決についてみる前に、ここでもう一度取り上げてみたい。『わが闘争』における反ユダヤ主義とはいかなるものであったのか。

すでに述べたように、ヒトラーはヴィーンにおいて、東方ユダヤ人の黒いカフタン姿や、とくに入浴習慣を持たないかれらの体臭への嫌悪から、ユダヤ人問題に初めて気づくことになった。ヒトラーにとって、ユダヤ人への嫌悪は身体、生理的な次元で始まったということである。そこでヒトラーは初めて、「数ヘラー支払ってわたしの生涯ではじめての反ユダヤ主義のパンフレットを買った」のである。とはいえこのパンフレットは、ヒトラーによれば「非情に浅薄で極度に非科学的な論証」であったために、かれは自分で実際のユダヤ人を考察しはじめたのだとされている[1]。

オカルト嫌い

この時ヒトラーが読んだパンフレットとして推定されているのは、反ユダヤ主義者で狂信的人種神秘主義者のランツ・フォン・リーベンフェルスが発行していた『オースタラ』である。

金髪碧眼のアーリア人種の立場から、サルや獣人との混血である有色人種、ユダヤ人との最終戦争を呼びかけるランツは、シンボルとして鉤十字《かぎじゅうじ》を使用したり、騎士団の城を構想したり、オカルト的人種論を展開したりで、ヒトラーは後年これを浅薄で非科学的だとしたが、当時は何らかのヒントをえたのかもしれない[2]。

しかし、こうしたオカルト的人種理論が、ヒトラーの言動にどれほどの影響を及ぼしたのかは判然としない。

自己主張の強いヒトラーはそもそも自分が誰かに影響を受けたということを認めたがらないということをさておいても、実際ヒトラーは〈食卓談義〉でもローゼンベルクの衒学的な二十世紀の〈神話〉に対して否定的だし、ヒムラーの神秘主義にも疑問を呈している。

またJ・フェストが紹介しているように、ヒトラーは一九三八年の党大会において、明らかにヒムラーにあてつけて、ナチズムは「最も厳密で科学的な現実的理論」であって、いかなる意味においても「祭祀《さいし》的運動ではない」とも述べている。もしナチズムが宗教であるとしたら、「今やわれわれは、あらゆる神話から抜け出した時代に生きているというのに、なんというナンセンスだ」、それなら教会に留まっていたってよかったではないかというのである[3]。

偽書『シオン賢者の議定書』

ヒトラーに影響を及ぼした反ユダヤ主義文献として、他にどのようなものがあるだろうか。まず一九一七年に出されたA・ディンターの三文小説『血に反する罪』、あるいはその亜流文献が考えられる。『わが闘争』には、やはり「血に反する罪」という表現が出てきている。ここでディンターは、あるユダヤ人商業顧問官が、純潔なドイツ人少女を次々と誘惑し、孕《はら》ませ、ゲルマン人の血統を混血によって汚しつづけている姿を、ポルノグラフィーまがいに画いた[4]。

このユダヤ人はただ情欲に溺れているのではなく、計画的にドイツ人の血を汚染し、アーリア人種の破壊を目指しているのだとされる。これは客観的にみれば、自らの性的不満と嫉妬をユダヤ人に投影したものと言えようが、ナチズムにおいては、シュトライヒャーの俗悪反ユダヤ主義新聞に受け継がれる傾向である。『わが闘争』のなかにも、悪魔の笑いを浮かべた黒い髪のユダヤ人青年が、アーリア人の少女を巧みに誘惑して妊娠させ、血を汚していると述べている箇所がある[5]。

さらに、『わが闘争』においてヒトラーが直接言及しており、また大きな影響を感じさせる反ユダヤ主義文献は、『シオン賢者の議定書』と題された偽書である。N・コーンの研究[6]によれば、この偽書の起源はフランス革命時にまで遡ることができ、その後いくつものバージョンが捏造《ねつぞう》されたとされる。

ドイツへは、十九世紀後半のロシア秘密警察偽造版がドイツ語訳されて、一九一九年に出版された。内容はどのバージョンにおいても、ユダヤ人の長老、指導者たちが世界支配の陰謀を企んでいるという単純な〈陰謀〉伝説であるが、このシナリオの強みは、反ユダヤ主義感情がある限り、時代に即した内容にいくらでも書き換えがきくという点にある。ヒトラーが『わが闘争』第一部第十一章で述べているユダヤ人像には、明らかにロシア版偽書の影響が見て取れる。

世界支配の野望

『わが闘争』のその章において、ヒトラーはユダヤ人の歴史と本質を次のように分析している。

ユダヤ人がゲルマンの地にやって来たのは、ローマ人のゲルマニア征服とともにであった。かれらはどこでもそうだが、商人、高利貸しとしてその地に定住し、その民族の富を「吸血鬼的非情さ」で吸い上げはじめる。同時にユダヤ人は、純真な民族の精神に、金こそすべてであるというエゴイズムを持ちこむのである。

かくて人々の間にはユダヤ人への反感、嫌悪感が芽生え、人々はユダヤ人の土地所有を禁じ、しばしば追放するのだが、かれらは何時の間にかまた戻ってくるのである。やがて諸侯の権力が強化されると、ユダヤ人は金銭でかれらに取り入り、さまざまな特権や特許をせしめて、ますます吸血鬼ぶりを発揮するのだ。「宮廷ユダヤ人」として一国の財政を独占したかれらは、その地位を利用して、徹底的に国民の富を搾《しぼ》り取るのである。

しかし、やがて諸侯の権力に弱体化が見られるようになると（市民革命）、ユダヤ人たちは今度は、表向きキリスト教に改宗して、その地の民族、国民の内に同化しようとしはじめる。ここに「国民ユダヤ人」が成立することになる。かれらの格好の隠れ蓑は、啓蒙思想や自由主義である。自由主義こそかれらの金融支配（国民の利子奴隷化）と国民への同化（ユダヤ人の解放）を保証してくれるものだからだ。

こうして自由主義の衣を着たユダヤ人は、フリーメイソン結社を手に入れて陰謀をめぐらすとともに、新聞などの文化産業を支配して国民の痴呆化を促進する。かれらの支配を政治的に確保するために、議会主義ほど都合よいものはないのである。

ところが資本主義の発達とともに労働者階級が成立し、強い力を持つようになると、今度はユダヤ人は左翼勢力を裏から操って、自分たちの支配をさらに延命させようとする(ユダヤ人マルクスはそのために共産主義の理論化に励んだ)。そして今世紀に入ると、自由主義体制の混乱、革命や戦争の動乱に乗じて、ユダヤ人はついに自分たちの赤裸々な支配、独裁への野望を剝き出しにしはじめた。

そのためにユダヤの指導者たちは世界支配の秘密会議を開催している。西欧の金融資本ユダヤ人とロシアのボルシェヴィキを操るユダヤ人は、結託して西欧諸国を自分たちの支配下におこうとしているのだ。〈西欧の没落〉の背後には、血に飢えた祖国なきユダヤ人が控えているのである。

隠蔽心理

ヒトラーによれば、ユダヤ人はいかなる形態をとろうとも、すなわち同化を目指したとしても、それはただうわべだけのことであって、ユダヤ人の本質、その血統、人種はまったく変わらないのであった。

宮廷ユダヤ人であれ、自由主義的国民ユダヤ人であれ、ボルシェヴィキであれ、ユダヤ人の性質は不変である。なぜなら、ユダヤ人とはユダヤ教徒のことではなく、何よりも人種、血であり、生物学上の存在であるからだ。

ユダヤ人は機会あるごとに、これまで常にアーリア人種の血を汚し（混血）、アーリア人の人種的純粋性、高度の文化を破壊してきた。他方かれら自身の人種的性質は、ユダヤ人同士の結婚によって、かたくなに維持されている。ユダヤ人の本質は千年の昔から同じである。かれらは民族の体内に潜む寄生虫であり、血を汚染する吸血虫なのである。

ヒトラーに影響を与えた反ユダヤ主義は、もちろんこれまで紹介したものだけではない。ヒトラー自身が言及しているチェンバレンやワーグナーの影響も無視できない。

ヒトラーは熱心な読書家で、多くの文献を読んでいたと考える研究者もいれば、ヒトラーはもともとパンフレット程度のものしか読まず、そこから自己流に、単純だが堅固な信念をえたと考える研究者もいる。ただ確実なことは、ヒトラーは一九二四年頃までには、これまで述べたような反ユダヤ主義の信念を固めていたことであって、それは第三帝国最後の日まで変わることがなかった。

ここで一言コメントしておくと、要するにヒトラーは、近代社会のもたらした弊害、欠陥、混乱、悪のすべてを、ユダヤ人の上に投影しているのである。

心理学的にいえば、高利を貪《むさぼ》って楽に暮らしたり、陰謀をめぐらせて人を出しぬいたり、特権を欲しがったり、ブロンドの少女を誘惑したいのは、他ならぬ反ユダヤ主義者自身なのだ。

ユダヤ人を汚く画けば画くほど、対極にアーリア人種の気高さ、ゲルマン民族の至高の価値が浮かび上がる。それによって反ユダヤ主義者は、自分自身の嫌らしさを隠蔽し、心置きなくユダヤ人への攻撃衝動に身を委ねることができるのである。

わたしが神の戒律を信ずるとすれば

さてもう一つの問題を指摘しておかねばならない。

ヒトラーが信念の反ユダヤ主義者であった背景には、世界史を人種間の生存闘争の場と見なし、その激烈な闘争から、もっとも優れた人種が生き残るのだという、社会ダーウィン主義がある。ヒトラーがなぜユダヤ人種を嫌悪するのかといえば、ヒトラーにとって、かれらはゲルマン人種の健康な自己保存を、内側から損《そこな》わせ、腐敗させ、崩壊させる要素であるからである。

いいかえれば、反ユダヤ主義と社会ダーウィン主義とは、不即不離の関係にあるのだ。ヒトラーが、自然をいかに容赦なき闘争の場と見なしているかは、次の発言に明瞭に現れている。

自然において一方が他方を食べているのだということを、酷いことだと思う人もいるかもしれない。ハエはトンボに食われ、トンボは鳥に食われ、その鳥はさらに大きい鳥に食われる。そしてもっとも大きな鳥でさえ、年を取ると、バクテリアの餌食になるのだ。そしてバクテリアもまた別の運命に捉えられるのである。もしわれわれが何百倍にも拡大してものを見ることができたとしたら、われわれは新しい世界を発見するだろう。この世界で大きいとか小さいとかいうのは、人がそれぞれ小さな基準で見たり、あるいは大きな基準で見るからなのだ。そこまでは確かなのだ。誰もそれを変えることはできない。人が自殺したとしても、かれは肉体も精神も魂も、自然に帰るだけなのだ。蛙は蛙になる前の姿を知らない。われわれだって、生まれる前のことは何も知らない。それゆえ、唯一重要なことは、自然の諸法則を研究することである。そうすれば人は自然の諸法則には逆らわない。そうしなければ、天に逆らうことになる。わたしが神の戒律を信ずるとすれば、それはただ、人種を保存せよという戒律だけである[7]。

自然はあらゆる領域において、そして自然淘汰の領域においても、最善の教師である。自然淘汰を通して、しかも激しい闘争のなかでのみ、ある生物が優位に立つ、これ以上に優れた自然の構成は考えることができない[8]。

似たような表現は、『わが闘争』にも、また〈食卓談義〉のほかの箇所にも、また演説のなかにも出てくる。ヒトラーの反ユダヤ主義とセットになっている思想は、十九世紀の帝国主義的社会ダーウィン主義であり、それは当時は科学的な装いを持ったのであった。

それでは、生存闘争を生き抜くために、人種を汚染するユダヤ人に対して、ゲルマン民族はいかなる対応を取るべきであろうか。

ヒトラーは第一次大戦直後、すでに見たように、ポグロムのような野蛮な反ユダヤ主義ではなく、「理性の反ユダヤ主義」を唱えていた。それはユダヤ人を何よりもドイツから排除することであり、またナチ党の綱領にあるごとく[9]、ユダヤ人から国民としての法的権利を剝奪し、外国人関係法のもとにおくことである。そのことによってユダヤ人に支配されている金融資本、百貨店、文化産業をドイツ人の手に取り戻し、さらにユダヤ人の指導するボルシェヴィズムの脅威をドイツから根絶することである。
こうした理性の反ユダヤ主義は、どうしてユダヤ人の絶滅にまで急進化していったのだろうか。

2 人種の衛生・民族の健康

基本は法的規制

一九二四年の『わが闘争』においても、それ以前と同様、所々に不吉な表現はあるものの、ホロコースト、すなわちユダヤ人全体を組織的に抹殺しようなどという戦略は現れていない。『わが闘争』で強調され、やがてナチズムの反ユダヤ主義政策の基本に据えられたのは、ユダヤ人を社会生活から排除する法的規制であって、その典型的なものは、一九三五年のニュルンベルク党大会で決められた〈人種差別法〉(「ドイツ帝国公民法」と「ドイツ人の血と名誉の保護法」)である。

それは人種を生物学的に規定し、ドイツ国民の同一性と血統を保護しようというものである。これによって、ユダヤ人はドイツ国民としての権利をすべて剝奪され、ドイツ血統の国民との婚姻は禁止された。

とはいえ、ユダヤ人は宗教ではなく、生物学的な人種であるといっても、血液を顕微鏡でのぞいて判別できるわけではない。結局、ユダヤ人の定義は、家系調査によるしかないから、実質的には、二代前に遡ってユダヤ教徒を祖先に持つ者がユダヤ人、あるいは混血ユダヤ人とされた。つまり生物学的区別といっても、実態はあいかわらず宗教による区別しかなかったのである。

ナチズムが人種を生物学的に規定しようとし、それを重視したことは、後に述べるように、思わぬ援軍を獲得することにつながった。つまり、ユダヤ人問題に新しい視角が提供されることになった。すなわちそれは、人種の衛生、民族の健康という生物・医学的観点である。ナチズムによる、ユダヤ人に対する社会的差別と生物学的差別の展開についてみてゆこう。

またとないチャンス

当初のナチ政府の方針は、一方でユダヤ人に法的規制をかけ、公職や社会生活から締め出し、他方で突撃隊などによる暴力、破壊によって、ユダヤ人を国外に脱出せざるをえなくさせるというものであった。こうした政策は、ポーランド占領によってより暴力的な追放政策となったが、基本的には、一九四一年六月の対ソ戦開始まで続いたと見ることができる。第三帝国において、各種の機関が公布したユダヤ人に対する差別と虐待、強奪の法規制や行政命令は、それだけでも一冊の本になるほどある[10]。

一九三三年春、すなわちヒトラーの政権掌握直後、突撃隊によるユダヤ人商店へのボイコット運動が広がるなかで、「職業官吏再建法」が公布された。これは公務から左翼とともにユダヤ人を罷免、排除する法律である。さらに一九三五年には、保険医師や教員、大学教授、公証人、薬剤師などの職業からユダヤ人が次々と排除された。

一九三八年からはユダヤ系企業のアーリア化政策が進められ、ユダヤ人経営者の追放、ユダヤ人企業、財産の没収が開始された。多くのドイツ系企業や銀行が積極的に、ユダヤ系企業の接収に協力した。企業経営幹部たちは、国家と企業の「均整化」の名のもとに、同時にゲーリンクの「四ヵ年計画」（ドイツの戦争準備のため）庁の幹部を兼務していたのである。

こうした措置が、もっぱらナチ指導部の強権によって実施されたと考えるのは正しくない。アカデミーにおいても、公務や経営においても、ユダヤ人の排除は、教授や公職や経営者のポストを狙う多くの野心家にとって、またとないチャンスの到来と考えられたのである。

こうしたユダヤ人特別法と暴力の組み合わせは、一九三八年十一月の、いわゆる「帝国水晶の夜」によって頂点に達した。ドイツ中でユダヤ人教会や商店に対する暴動が組織されたが（首謀者はゲッベルスである）、ユダヤ人はその破壊の損失責任を転嫁され、被害者であるにもかかわらず、巨額の賠償金を取りたてられたのである[11]。

思わぬ協力者

ナチズムの差別政策を支持したのは、新しい地位を欲しがる人々ばかりではなかった。人種政策を強力に推進する過程で、『わが闘争』執筆時のヒトラーには思いもよらなかったであろうけれど、素《す》性《じょう》のわからない怪しげな反ユダヤ主義者ではなく、生物や医学アカデミーの権威ある教授たちが、その協力者として現れたのである。

ヒトラーが政権を掌握する数年前から、『わが闘争』を熱心に読み、これこそ自分たちの学問を国家政策として実施してくれる政治家であると、熱い期待を寄せた医学者たちがいた。かれらが感激したのは、たとえば『わが闘争』の次のような文章である。

欠陥のある人間が、他の同じように欠陥のある子孫を生殖することを不可能にしてしまおうという要求は、もっとも明晰な理性の要求であり、その要求が計画的に遂行されるならば、それこそ、人類のもっとも人間的な行為を意味する。その要求は幾百万の不幸な人々に不当な苦悩を免れさせるだろうし、そしてその結果として、一般的な健康増進をもたらすだろう。……百年の一時的な苦痛は数千年を苦悩から救いうるし、救うだろう[12]。

ヒトラーはこうした考えを、もっぱら人種の健全な保全、「種の強化」という観点から、主として梅毒患者を例にして述べた。それを遺伝学の問題に読み替えて共鳴したのは、当時遺伝学や公衆衛生学、人類学などの分野で急成長してきた、優生学（Eugenik）、さらには人種衛生学（Rassenhygiene）などの専門家たちである。その代表的な人物は、A・プレッツ、F・レンツ、O・フェルシャー、E・リュディン、E・フィッシャーなどである。かれらの多くは大学医学部教授や、権威あるカイザー・ヴィルヘルム研究所（後のマックス・プランク研究所）の研究責任者である。

かれらはみな反ユダヤ主義者だったわけではない。たとえばプレッツは当初、ユダヤ人を北方的で、優等人種に分類していた[13]。しかしかれらは、ナチ政権に加担してゆくにつれて、反ユダヤ主義の方向に押し流されてゆくことになった（その弟子たちのなかから、やがて強制収容所で科学研究の名のもとに、アウシュヴィッツのヨーゼフ・メンゲレのように、恐怖の人体実験を担当したり、親衛隊員として遺伝登録を作成したり、ユダヤ人、ジプシーなど選別したりする医師たちが現れた）。

優生学

優生学自体は、アメリカ合衆国で発達した分野であり、もともと人種差別一色で塗りつぶされていたわけではないし、また反ユダヤ主義でもなかった。

優生学は、社会ダーウィン主義の影響と遺伝学の発達を背景にしており、発想としては十九世紀以来の進歩思想の後継者である。

すなわち、劣等の遺伝的資質をもつと考えられる患者に、断種、不妊手術を施すことによって、そうした遺伝的資質が再生産される可能性をミニマムに抑え、国民全体の健康を増進させようというものである。少なくとも理論的には、こうした優生的処置を繰り返すことによって、何世代後になるかは判らないが、先天的な肉体的・精神的異常や疾病は、いずれは消えてゆくはずなのである。

また遺伝学者たちは、犯罪学者たちと協力して、ある種の犯罪者、あるいはアルコール中毒者などには、遺伝的な要素が確認できるのではないかと考えた。

もしそうであるならば、かれらを隔離したり、断種を施したりすれば、こうした犯罪や中毒は将来確実に減少するはずである。これは人間性についての大いなる進歩ではないのか。そうなれば、社会における医療、介護の労力や費用も大幅に削減でき、犯罪の発生率も低下し、国民経済上からも、社会的安定の上でも望ましいのではないか。また逆に優れた資質の者同士の生殖を促進すれば、それは知的にも肉体的にも、より優れた人類誕生への序曲となるのではないか。

かくして第三帝国だけではなく、たとえば、いわゆる福祉国家先進国、北欧諸国においても、優生保護措置は積極的に採用されることになったのである。

三十年来の夢

アメリカの優生学とナチの人種衛生学の関係を研究したS・キューンルは、ドイツの優生学者について次のように述べている。

『人種および社会生物学雑誌』においてフリッツ・レンツ〔当時ミュンヘン大学教授、一九三三年からベルリン大学教授、カイザー・ヴィルヘルム研究所・人種衛生学責任者——訳者註〕は、すでに一九三一年、すなわちナチ政権掌握より二年前に、ヒトラーのナチズムを、人種衛生学をその綱領の中心としている、世界でも《初めての政党》として賞賛した。レンツによれば、ヒトラーは、《巨大な精神的感受性とエネルギー》をもって、《人種衛生学の本質的思想》をわがものにしているのであった。われわれは《ナチズム運動に、効果的な人種衛生学の遂行のために、巨大な期待を持つ》ことができるというのである。（中略）一九三四年、E・リュディン〔ミュンヘン大学教授、精神医学研究所所長、後に人種衛生学研究所所長、内務大臣フリックによって人種政策の顧問に就任、一九三三年の遺伝予防措置法の作成に貢献した——訳者註〕は、ベルリンに集まった約三百人の人種衛生学者を前に、《ヒトラーの業績によって初めて、ドイツにおける人種衛生学の意義がすべての自覚的なドイツ人に明らかにされた》ことを歓迎した。リュディンによれば、ヒトラーによって、人種衛生学者の《三十年来の夢》がついに現実のものとなったのである。人種衛生学は研究プログラムというだけではなく、実行に移されるのである。リュディンはかれの先行者であったプレッツと同様、一九三七年にナチ党に入党し、その直後に、ナチズムに対する特別の貢献によって、総統から金の忠誠―名誉勲章を授けられた[14]。

「多くの医学者たちは、人種に重要な価値を置くナチの世界観に魅了された。かれらは、幅広い社会問題を生物学化する、また医学化するナチの努力に興味をそそられた。そうした社会問題のなかには、犯罪、ホモセクシャル、出生率の減少、帝国の国力の崩壊、さらにユダヤ人やジプシーの問題が含まれていた」[15]。こうして一九三三年夏に、早くも遺伝病予防の法律ができると、優生学者、人種衛生学者は次のように解説した。

> 人種保護は、優等な遺伝的資質と劣等な遺伝的資質の量的比率を、前者を増やして後者を減らす方向に変化させるという課題を持っている。言い換えれば、優等な遺伝的資質を持つ人を、劣等の資質を持つ人よりも増やすということである。人種保護は、あらゆる手段を使って、完全な、正常な、最高の価値ある資質の人々を発見しようと努力しなければならない（選抜）。そして、かれらが多くの子孫を残すように努めなければならない。第二に、人種保護は、あらゆる手段を使って、価値の低い資質の人々を発見し、かれらが子孫を残すことを抑制しなければならない（根絶）。第三に、人種保護は、異質な人種的要素が入り込むのを防ぐことによって、人種の内的

崩壊から人々を守らなければならない[16]。

こうした人種衛生学思想が、ナチズムの野蛮性と結びついたとき、これ以上治癒不可能な、とくに遺伝的な病気の患者を〈慈悲〉によって死なせるという、いわゆる〈安楽死〉計画となって結実したのである。

科学という正当性を身にまとうことができた

すでにナチ政権成立後、強制的な断種や不妊手術は合法的に開始され、多くの人種衛生学者、優生学者を悦ばせてきたが、ポーランド戦開始とともに、人種衛生学の合理性は、ついに狂気にまで高められたのである。優秀なドイツ軍兵士が戦場で倒れているとき、治る見込みのない、ましてや遺伝的な異常気質の病人を生かしておく必要がどうしてあるだろうかというわけである。かれらが死ぬことは、患者を抱えた家族の立場から見ても、戦時経済の点から見ても、人種の強化という点から見ても、ドイツ民族のためではないかというわけである。

ナチの〈安楽死〉政策（作戦本部の所在地から、T4作戦と呼ばれた）については、E・クレーの優れた研究がある[17]ので、ここでは最小限のことを確認しておきたい。

一九三九年秋から、極秘の内に全国の特別病院で、知恵遅れや精神障害者の〈安楽死〉、すなわちガス殺人が開始された（この命令にはヒトラーの署名がある）。やがてこの情報が漏れ、カトリック教会をはじめとした抗議の声が上がってきたため、国民に広く知られることを恐れて、一九四一年夏に

特別病院内のガス室
このノウハウが絶滅収容所に「活かされる」。

計画は公式には中断された。しかしそれまでに、およそ七万人が殺害され、その後も、秘密の内に、断続的に、病院内での薬物殺人が続けられた。

ナチズムの反ユダヤ主義にとって、なぜ優生学や人種衛生学が重要であったのであろうか。

もともと両者の間には社会ダーウィン主義という共通の背景があり、民族の健康という発想に親近性があったというだけではない。ナチの反ユダヤ主義の基礎は、もとはといえばゴビノーやチェンバレンの怪しげで神秘的な人種思想であり、およそ十九世紀的な意味でも科学性に乏しいものであった。しかし、ナチの人種思想は、アカデミーの優生学や人種衛生学と結びつくことによって、科学という正当性を身にまとうことができたのである。いいかえれば、優性学者や人種衛生学者たちは、自分たちの専門的知識がナチズムによって積極的に採用されて行ったとき、それが反ユダヤ主義に適用されることを拒否することはできなかった。

農学士であったヒムラーにとっても、優生学によって、人種神秘主義は生物・医学上の根拠を獲得した。ゲルマン的血の捕獲作戦や人種改良のユートピアも、植物の栽培や家畜の品種改良と同次元で考えられ、親衛隊に参加した多くの医師たちの協力を得ることができた。ある著名な遺伝学者は、ナチズムを〈応用生物学〉であると規定した。

おぞましい帰結

ヒトラーは、『わが闘争』のなかでも、ユダヤ人を吸血虫、寄生虫、ペスト菌などと生物・医学的な用語をメタファーとして利用していた（こうした呼び方は、十九世紀末の反ユダヤ主義者にも用いられていた）。これに加えて医学界から強力な援軍を得ることができたため、ナチ幹部や親衛隊のユダヤ人問題担当者の間で、ユダヤ人問題を人種衛生学の対象として、〈安楽死〉と同様の取り扱いが可能であるという発想が急速に普及していったと見ることができる。その意味では、人種理論は科学化されたのであった。

実際、ポーランドでユダヤ人の大量ガス殺戮が開始されるにあたって、中断された〈安楽死〉の専門家たちが、絶滅収容所建設のために、ヘウムノやトレブリンカ、ヴェウジェツ、ソビボルに送られた。アウシュヴィッツ収容所長のヘスが、ヒムラーからユダヤ人の大量ガス殺戮の準備を命令されたのも、この頃、すなわち一九四一年夏である[18]。

民族の健康を目標とする〈安楽死〉計画は、人種の衛生のために、ユダヤ人全体の〈安楽死〉計画へ、すなわちユダヤ人問題の〈最終的解決〉へ受け継がれていったのである。これが、生物学的人種理論のおぞましい帰結であった。

3　最終的解決——親衛隊の黙示録的栄光

紆余曲折の果て

ユダヤ人に対するホロコースト、すなわちナチ用語で〈最終的解決〉は、今日の歴史学の研究水準からすれば、けっして当初から組織的に計画されていたわけではなく、ユダヤ人問題を担当したナチ指導部（ヒトラーを含む）が、紆余曲折の果てに辿り着いた方法であることは、ほぼ共通の理解となっている。

もちろん反ユダヤ主義が国家政策となってから、ユダヤ人を社会生活から締め出し、帝国をユダヤ人のいない世界とする方針は、法律と暴力の組み合わせによって、一貫して追求されてきた。迫害の過程で、暴力であれ、病気であれ、事故であれ、その都度ユダヤ人に死者が出ても一向に構わなかったであろう。

しかし追放とヨーロッパ・ユダヤ人を組織的に絶滅してしまおうという発想との間には、かなりの隔たりがあるといわねばならない。

当初は関与せず

そもそも、親衛隊がユダヤ人問題に積極的に係わるようになったのは、一九三八年十一月に起こったドイツ国内のユダヤ人に対する組織的な暴力、破壊、略奪行為、すなわち「帝国水晶の夜」以後である。

水晶の夜の破壊に親衛隊は関与しなかった。事件の首謀者はゲッベルスであって（突撃隊の残党や各管区の指導部が動員された）、ゲーリングもヒムラーもハイドリヒも、事前には何も知らされていなかった。事件の事後処理の過程で、ゲッベルスはユダヤ人問題についての影響力を失い、形式的には、帝国元帥で四ヵ年計画担当のゲーリングが、ヒトラーからユダヤ人問題の全権委託を請けた。それまで、もともとナチ指導部には、ユダヤ人問題の専門的担当部署はなかったのである（強いていえば内務省であろう）。親衛隊は、保安部（SD）のなかに、ユダヤ人担当部局を設置していたが（その担当者としてはアドルフ・アイヒマンが有名であるが、これについては後に述べる）、その任務はユダヤ人を国外に退去、移住させることであった。

M・ブロシャートのいう、ナチ国家の多頭性（ポリアーキー）がここにも現れていて、政権獲得以来、各機関はそれぞれユダヤ人問題にそれなりに関与し、影響力を増大させようと競い合っていたのである。水晶の夜以降、形式的にはゲーリングがユダヤ人問題の担当に任命されたが、かれには単独でそれを実施できる直属の組織、スタッフがなかった。そこでゲーリングは、ヒムラーの頭ごしに、保安警察を握るハイドリヒに、ユダヤ人問題に対する指令を出しはじめた。

ポーランド占拠とともに

これに対抗して、ヒムラーは一九三九年十月に、ドイツ民族性強化帝国全権委員（RKF）に任命され、ここに、親衛隊は民族ドイツ人の入植、異民族の追放の課題と合わせて、その必要性から、ユダヤ人問題に本格的に介入することになったのである。またおそらくヒトラーにしても、自分に直接忠誠を誓う親衛隊の組織力のほうが、ユダヤ人問題にはふさわしいと考えるに至ったのであろう。

これ以後、形式的にはゲーリンクは責任者であり続けたが、実際には、ユダヤ人問題は、他の機関（内務省や外務省、また後にはポーランド総督や東部占領省）との連絡が不可欠であるとはいえ、もっぱら親衛隊の管轄となっていったのである。ヒトラーの意思の忠実な執行機関として、ユダヤ人問題を担当し、名実ともに他の組織を出し抜くことは、ヒムラーにとっては名誉なことであったに違いない。

しかし一九三九年秋のポーランド占拠とともに、これまでの迫害、追放政策は、そう簡単にはゆかなくなった。ドイツが獲得したポーランド（帝国への東部併合地域と総督府領）には、およそ二〇〇〇万人のポーランド人と二〇〇万人以上のユダヤ人が生活していたからである。

ドイツではナチ政権成立時で約五〇万人のユダヤ人がいたが、相次ぐ迫害によって、ポーランド戦時点では約二十数万人がすでに国外脱出していた。残りの二十数万人なら追放も可能かもしれないが、二百数十万のユダヤ人を一体どこへ追放したらよいのかという難問が浮かんできたのである。

マダガスカル計画

第二次世界大戦開始後のドイツのユダヤ人政策、とくにホロコーストの歴史的研究は、ラウル・ヒルバーグの『ヨーロッパ・ユダヤ人の絶滅』をはじめ、実に数多くあるから[19]、ここではごく簡単に説明しておきたい。

最初に計画されたのが、総督府内のルブリン管区にユダヤ人居住区を建設し、当面そこにユダヤ人を強制移送させるという構想である。これは、前章で述べたとおり、ポーランド政策についてのヒトラーの指示や、帝国へ帰還する数十万人の民族ドイツ人の問題と関連しており、実際に東部併合地域のポーランド人とともに、ユダヤ人の総督府領への追放も開始された。こうしてみると、ユダヤ人問題は親衛隊にとって、最初から民族ドイツ人の入植、さらにポーランド人などの異民族の取り扱いと一体となった課題であったことがわかる。

移送するユダヤ人をひとまず集めておくために、ウッチやワルシャワなどに、ユダヤ人ゲットーが造られもした。そして、多くのユダヤ人は、土木工事や軍需工場などで、強制労働に従事させられた。しかし総督府領へのポーランド人、ユダヤ人の追放は、人員や交通手段の不足で、何度も計画が練り直されたが、ゲッツ・アリーが克明に分析したように、結局なかなか進展しなかった（『最終的解決』）。

くわえて、ユダヤ人を集めたポーランドのゲットーなどでは、衛生状態が極度に悪化し、伝染病が蔓延しはじめた。また戦時食糧事情は、ドイツ帝国内においても深刻であったから、続々と追い立てられてくるポーランド人やユダヤ人へ、僅かではあれ食糧を供給することが不可能になっていった。ポーランド総督フランクは、もうこれ以上ユダヤ人やポーランド人を総督府領内には受け入れられないと執拗に抗議しはじめ、ヒムラーが派遣したHSSPFとことあるごとに対立しはじめたのである。

そこへ新たに登場した計画が、一九四〇年六月の対フランス戦勝利とともに浮上したマダガスカル計画である（計画そのものは、以前にフランスの反ユダヤ主義政治家によって立案されたことがあった）。

フランス領であった、アフリカ東海岸のマダガスカル島へ（場合によってはアフリカのガーナも候補地となった）、戦争が終了した時点で、ヨーロッパの全ユダヤ人を追放してしまおうというものである。そうすれば生存条件の厳しさから、ユダヤ人はそのうち淘汰されてしまうだろうというのである。

計画はこれまでの追放政策の難点を解決してくれるもので、各方面から大いに歓迎され、約一年にわたってユダヤ人問題担当者たちの希望の星となった。しかし実際には、制海権を掌握する英国に勝利できる見通しが喪われ、にもかかわらず対ソ連戦（バルバロッサ作戦）が開始されたため、計画はまったく見通しが立たず、夢の彼方へ飛んで行ってしまった。

追放から絶滅へ

その後、対ソ戦開始とともに、戦争指導に没頭するヒトラーの口からも、東部ゲルマン帝国の青写真を画いていたヒムラーの口からも、今度はソ連に勝利し、ウラル山脈の彼方やシベリア、さらにアラスカへユダヤ人を追放してしまおうという発想が時々示された。東部総合計画にも、一部そうした案が見られる。

しかしバルバロッサ作戦の過程では、これまでの追放政策から絶滅政策への重点移動が明瞭に現れはじめる。ヒトラーにとって対ソ連戦は世界観戦争であり、生きるか死ぬかの撲滅戦争であったことから、有名な共産党政治人民委員射殺命令が出された。これは軍属であれ、民間であれ、ソ連共産党政治委員の即時射殺命令であって、親衛隊の活動を軍法会議の外に置き、事実上軍にロシア人に対する射殺免許を与えるものであった。

射殺対象とされたのは政治人民委員だけではなかった。前進するドイツ国防軍の後について、バルト諸国やロシア領内に深く侵入した四個の特別行動隊（Einsatzgruppen）、ならびに親衛隊、警察大隊によって、パルチザン抵抗部隊を殲滅《せんめつ》し、前線背後の秩序を維持する名目で、明らかに無防備、無抵抗のユダヤ人射殺作戦が実施された[20]。総勢一万数千人の射殺部隊が投入され、少なくとも、九〇万人（！）のユダヤ人がほぼ無差別に射殺された（強制労働者として利用できる者は除かれた場合もある）。したがって、一九四一年夏以後、ガスによる殺戮こそ開始されていなかったけれども、ナチのユダヤ人政策は明らかに追放から絶滅へと舵《かじ》を切りはじめたと考えることができよう。

すでに述べたように、アウシュヴィッツ収容所長のヘスが、ヒムラーからユダヤ人大量抹殺のための準備を命令されたのも、安楽死計画が中止され、その実行者たちが絶滅収容所建設に派遣されたのも、すべて一九四一年夏であった。そして、一九四一年秋からは、ドイツ本国やオーストリアなど西側から、ユダヤ人がポーランドの収容所へ向けて移送されはじめたのである。

いいかえれば、総督府領内への追放も、マダガスカル計画も挫折した果てに、ロシア占領によって、さらに領内の膨大なユダヤ人を抱え込むことが明らかになった時点で、ユダヤ人政策は変化を避けられなくなったのである。

もっとも人間的な解決策

この時点で、ユダヤ人の絶滅という方針転換が生じるにはいかなる背景があったのだろうか。

第一に、ソ連との絶滅戦という、平時とも通常の戦争とも異なった戦争状態が挙げられよう。それ

アドルフ・アイヒマン

でなくとも戦時は死が日常化するのだから、こうした状態下では、殺戮に対する人々の感覚は急激に麻痺していったと考えられる。

第二に、東部の占領地を支配する指導部の間で、ユダヤ人が急速に何とか片付けてしまわなければならない、厄介な荷物になっていったことが挙げられる。文字通り立錐《りっすい》の余地もなくなったポーランドのユダヤ人ゲットーでは、食糧不足や衛生状態の悪化から、餓死者が続出し、伝染病が蔓延した。一九四一年六月十六日、ウッチで追放と移住にあたっていた親衛隊少佐ヘップナーは、ユダヤ人移送担当のアイヒマンにあててこう述べている。「来る冬に予想される危機を考えると、もし可能であれば、ユダヤ人を、それが労働不能であれば、なにか迅速で実効的な手段で処理するのが、もっとも人間的な解決策ではないか」[21]。

東部支配区の担当者たちの間では、ユダヤ人問題の処理をこれまでと違った形態で、しかも迅速に進める必要性が叫ばれはじめたのである。

アイヒマン——行政的殺戮

アイヒマンは、一九六一年のアイヒマン裁判によって有名である。数百万のユダヤ人を絶滅収容所に移送したこの男について、若干ふれておきたい。

アイヒマンはドイツ生まれだが、オーストリアのリンツで育った。学業から脱落し、転職を繰り返していたが、一九三四年、ヴィーンでE・カルテンブルンナーを通じてナチ親衛隊に入隊する。

その後、ハイドリヒの指揮する親衛隊保安部（SD）でユダヤ人移住政策を担当し、ヴィーンで実績を上げた（勤務は後に帝国保安本部第Ⅳ局、D4課となる）。しかし対ソ連戦が開始され、ユダヤ人政策が追放から絶滅へと舵を切るなかで、アイヒマンの仕事は否応なしに、ドイツ支配圏内のユダヤ人を捕捉し、絶滅収容所へ送り出すものに変化してゆくことになったのである。

アイヒマンは戦後逃亡し、アルゼンチンに潜行していたが、一九六〇年にイスラエルの秘密機関によって逮捕され、イェルサレムで裁判にかけられた。それは世界中の関心を呼び、わが国からは、開高健や村松剛が傍聴記を書いている。

ハンナ・アレントは『イェルサレムのアイヒマン』において[22]、このユダヤ人移送専門家のなかに、マクベスやリチャード三世のような本格的な〈悪〉などひと欠けらもないことを見いだした。そこにあるのは、「悪の凡庸さ」であり、また出世のことしか念頭にない完璧な無思想性なのである。

実際、ホロコーストが特別行動隊の血なまぐさい射殺作戦から、絶滅収容所のガス室に比重を移すにつれて、それは、狂信的な信念によってではなく、命じられるままにユダヤ人名簿を作成した市役所員や、ユダヤ人移送列車のダイヤを作成した鉄道員など、多くの官僚的な「机上の殺戮者」の無関心によって、遂行されることになった。「アイヒマン」とは、こうした「行政的殺戮」の代名詞となったのである。

ハフナーの推論

それでは、ヒトラーはこうした政策変更にどのようにかかわったのだろうか。S・ハフナーは、ベストセラーとなった『ヒトラーとは何か』(邦訳題)において次の仮説を提示している。ヒトラーはかねてより二つの目標を、すなわちドイツのヨーロッパ支配とユダヤ人の根絶を追求してきた。しかし一九四一年冬、電撃戦の予定が狂ってソ連軍を壊滅できなかったとき、ヒトラーは今回の戦争の敗北を予感し、もう一つの目標、すなわちユダヤ人の絶滅の決意を固めたというのである。したがってハフナーによれば、一九四一年十二月をもって、政治家ヒトラーは退場し、大量殺戮者ヒトラーが登場することになったのだとされる[23]。

ハフナーの推論は、ヒトラーの心理の解釈として興味深いし、第三帝国の最終局面ではヒトラーはそうした考えを持ったかもしれない。しかし、それでは一九四一年夏から開始された特別行動隊のユダヤ人射殺作戦や、絶滅収容所の建設準備は一体なんだったのか、さらにヒトラーが当初より根絶を望んでいたのだとすれば、それまでなぜユダヤ人の絶滅の準備を進めなかったのかという疑問点が残る。

安楽死計画と異なり、ヒトラーによるユダヤ人の絶滅指令の文書は存在していない(あるいは発見されていない)。したがって、ユダヤ人絶滅はヒトラーの指令から生まれたものではないとする研究者もいる。しかし、もしヒトラーが命令を下したのだとしたら(筆者はそう考えるが)、それはいつなのだろうか。

遡れば、一九三九年一月のライヒ議会においてヒトラーは、もし今後ユダヤ人の陰謀によってドイツが戦争を始めなければならない時は、それはドイツの滅亡ではなく、ユダヤ人の絶滅に終わるだろうと宣言していた[24]。後にヒムラーも演説で最終的解決についてふれるとき、しばしば総統の意志がこれによって示されたとして引証している[25]。

このため、ヒトラーはポーランド侵略以前からユダヤ人の絶滅を意図していたのではないかと解釈されてきた。たとえば、戦後のニュルンベルク裁判も、ヒトラーは一九四一年夏に最終的解決の決定を下したが、それは一九三九年一月からの意図に基づくものであったとしている[26]。

対ソ戦以降

しかし、ヒトラーにせよ親衛隊にせよ、第二次世界大戦以前からヨーロッパ・ユダヤ人の絶滅政策を意図していた証拠は何もない。すでに述べたように、ヒトラーを含む指導部は、対ソ連開戦までは、常に民族ドイツ人の入植と合わせて、ユダヤ人やポーランド人の追放政策を実施してきたのである。

たとえばヒムラーは、すでに紹介した『東方異民族の取り扱いに関する考察』(一九四〇年五月)において、ユダヤ人を追放し、その他の異民族を、ゲルマン血統でドイツ化可能な少数の者を除き、ドイツ帝国の奴隷として利用しようという提案をしていた。

わたしは、ユダヤ人全体をアフリカか、あるいはその他のどこかの植民地に大量に強制移住させる可能性を追求して、ユダヤ人という概念が完全に消えてしまうことを望んでいる。

もしわれわれが、一民族を物理的に根絶するというボルシェヴィキ的な方法を、反ゲルマン的で不可能であると、信念を持って拒否するとすれば、個別的にはいかに残酷で悲劇的なケースがあろうとも、こうした方法がもっとも寛大で最善なものである[27]。

おそらくこの時点では、ヒムラーにとっても、どの民族であれ、一民族の絶滅という政策は、念頭になかったのであろう。一民族の絶滅という発想は、ヒムラーにとって（ヒトラーにとってもだが）、ナチズムの敵、ボルシェヴィキの手法（階級の殲滅）であると考えられていたのである。

ホロコーストの研究者の間では、ヒトラーが絶滅指令を出したのは（おそらく口頭であろうが）、一九四一年のいつ頃であるかをめぐって議論が分かれている（早くて三月、遅くて九月）。しかしいずれにせよ、青酸ガス・チクロンBによる絶滅収容所の殺戮というだけでなく、広い意味でいえば、ユダヤ人の大量抹殺が開始されたのは、ソ連との戦争が始まってからなのである。

なんとか正当化しなければならない

ユダヤ人の絶滅という命令は、さすがにヒムラーを動揺させるものであったようだ。これは戦争や政治的敵対者の撲滅とはまったく違う。ほとんどのユダヤ人は無防備かつ無抵抗であり、さらに多くの老人、女性や子供たちも含まれていた。

武器を手にした敵を倒すのはなるほど軍人の宿命である。しかし、いくらこいつらは世界支配の陰謀をたくらんでいて、ゲルマン民族の血を汚染する寄生虫だといわれても、必死に子供を守ろうとする母親を、子供ともども次々と射殺し続けるには、アルコールの助けはもとより、格別の正当化のイデオロギーが必要だった。

ヒムラーは秘密演説のなかでも、この問題に触れるときは必ず、これはもっとも困難で、もっとも厳しい、通常では耐え難い命令であったと述べている。実際ヒムラーは、自分が命令を出しておきながら、特別行動隊のユダヤ人大量射殺現場に立ち会ったとき、あまりの凄まじさに卒倒しそうになった[28]。

ユダヤ人の絶滅を正当化するために、親衛隊は、ユダヤ人を徹底的に非人間化し、ドイツ人にとって異質な、悪しき存在として宣伝した。たとえば親衛隊のパンフレットはこう述べている。


ユダヤ民族は、千年にわたる近親相姦によって、堕落した血統を保持し続けており、あらゆる純粋な貴族的な人種にとって、生まれついての敵である。ユダヤ民族は本源的な人種汚辱の産物である。もっとも相いれない異質な血統がそこに合流しているのだ。西南アジアの、東洋の、北方の、黒人の、東ヨーロッパの、モンゴル人の血がユダヤ人の内に、自然に反して混ぜ合わされ、厳格な宗教上の掟によって、絶えざる近親相姦を通じて受け継がれているのである。身体的に調和に欠け、醜いだけでなく、ユダヤ人は魂や性格においても、雑種として特徴付けられる。性生活におけるユダヤ人の自然に反した衝動と生々しい欲望はよく知られているところだ。

ユダヤ人は寄生動物である。動物や植物界における寄生虫と同様、ユダヤ人は寄生した民族の力と労働に頼って生活している。ユダヤ人は世界の吸血鬼である[29]。

さらにヒムラーは、ユダヤ人の絶滅は、衛生のための害虫駆除と同じだとして正当化し、これは通常の殺人ではない、だから悩む必要はないと強弁しようとした。

われわれは、血の問題に初めて、実際の行動によって答えた。その際、血の問題という言葉で、われわれは当然にも、反ユダヤ主義のことを言っているのではない。反ユダヤ主義にとっても、それはシラミの駆除と同様である。人がシラミを排除するのは、決して世界観の問題ではない。それは衛生上の問題である。われわれにとって反ユダヤ主義は世界観の問題ではなく、もうじき片がつく衛生上の問題なのである[30]。

とはいえ、いくらユダヤ人はシラミと同じ害虫であるといっても、毎日、数百、数千のユダヤ人を射殺し続けることは、通常の神経でできることではない。HSSPFの親衛隊高官であったバッハ・ツェレウスキーでさえ、特別行動隊の射殺作戦後に神経症に悩まされた。したがって、ドイツ兵の負担を軽減するために、現地で、たとえばリトアニアやウクライナで、現地の反ユダヤ主義者たちから成る協力者部隊や、ロシア軍捕虜のなかから、生命や食糧の保証と引き換えに外人部隊が編成され、ドイツ人部隊ともどもユダヤ人射殺を担当した。

地獄のシステム

こうして、ユダヤ人に対する絶滅作戦は、射殺活動から開始されたが、効率上からもドイツ兵の心理的負担を軽減するためにも、射殺に代わる新しい方法が開発されねばならなかった。

かくして、ドイツ国内の安楽死に使われた青酸ガスが、ユダヤ人の大量殺戮にも使用されることになり、アウシュヴィッツ、トレブリンカ、ソビボル、ヘウムノなどに次々と〈絶滅収容所〉が開設されることになった。

健康なユダヤ人は奴隷労働へ、病人や老人はもとより、虚弱そうな者や子供たちはただちにガス室に送られることになった。ユダヤ人はシラミや寄生虫なのだから、衛生的処置として、根絶することは当然ではないかというわけである。

しかもそうした絶滅収容所の多くで、親衛隊員の監督下に、直接死体処理を担当させられたのは、同じユダヤ人から成る特別処理班であった。ヒムラーの命令によって、死体の有効利用（死体から金歯を抜き取ったり、髪を切ったり、石鹸が試作されたり）が図られるとともに、ここにユダヤ人によってユダヤ人を絶滅させるという、まさに地獄のシステムが作動することになったのである。

倒錯した理想主義

ユダヤ人絶滅作戦には、確かに多くの機関がかかわりを持った。しかし親衛隊は、行政的な〈机上の殺戮者〉としてではなく、強制追放や射殺においても、また絶滅収容所においても、常に直接的な執行者であった。いいかえれば、ヒトラーがかくも残虐な任務を委ねられる組織は、第三帝国には親衛隊しか存在しなかった。

　忠誠と服従をモットーとした騎士団、親衛隊は、ヒムラーにとっては、いかなる非人間的な、過酷な任務にも対応できなければならなかった。親衛隊の名誉とモラルは犠牲者の数が増すにつれて高まるのである[31]。耐えがたいほど残酷な命令であればあるほど、ヒムラーの自虐的ヒロイズムは燃え上がった。

　ここでヒムラーが一九四三年十月に、ポーゼンで行った悪名高き演説を引用してみたい。これはヒムラーが、ユダヤ人問題の最終的解決に対して要請した親衛隊のモラルであり、同時に、ヒムラーの政治思想のエッセンスである。


親衛隊員にとって、次の基本原則は絶対的な価値を持つ。すなわち、われわれは、名誉にかけて、正しく、忠誠を誓って、同志として、われわれ固有の血の一員でなければならないということである。決してそれ以外の一員であってはならない。ロシア人やチェコ人についていえば、わたしにはまったくどうでもよい存在である。他の民族のなかに、われわれと同種の良き血が残されておれば、われわれはそれを連れ戻そう。われわれは、もし必要があれば、他民族から子供たちを盗み、われわれの下で養育しよう。他の民族が豊かに暮らそうが、飢え死にしようが、それは、われわれがそうした他民族をわれわれ自身の文化の奴隷として必要とする限りで、私の関心を呼ぶだけである。他の点ではまったく関心はない。対戦車壕の構築において、千人のロシア女性が力尽きて倒れようが倒れなかろうが、私の関心は、ドイツのための戦車壕が、完成し得るかどうかという点にある。もちろんわれわれは、そうあってはならないところでは、決して、粗野な、心ない人間であってはならない。これは言うまでもないことである。動物に対して正しい態度を取ることができるという点では、世界で唯一のわれわれドイツ人は、こうした人間の顔をした動物たちにも、正しい態度を取るだろう。しかしその連中を気遣ったり、理想を与えたりすることは、われわれ固有の血に反する犯罪である。そんなことをすれば、われわれの子供や子孫がいっそう苦しめられることになる。もしも誰かがわたしのもとに来て、本官は子供や女性たちを使って対戦車壕を構築することなど出来ません、これは非人間的です、子供や女性はみな死んでしまいます、と言うことがあれば、私はこう言わねばならない。君は君自身の血の殺害者なのだぞ、もし対戦車壕がなかったら、ドイツの兵士たちが死ぬことになるんだ、そしてかれらはドイツの母親の息子なんだぞ。それはわれわれの血ではないか。これこそ、わたしが親衛隊員たちに、将来のもっとも神聖な掟の一つとして、教え込みたいと思い、そしてこれまでもそうしてきたことなのだ。(中略)

さてわたしは、ユダヤ人の一掃、ユダヤ民族の根絶について考えてみよう。これは誰でも簡単に口にすることのできる事柄である。党の同志の誰もが、ユダヤ民族は根絶されるだろう、それはまったく明らかだ、党の綱領にも書いてある、ユダヤ人の排除、根絶、これから始めようじゃないか、と言う。ところが、誠実な八〇〇〇万人のドイツ人が、それぞれみな実直なユダヤ人を一人ずつ連れてきて、確かに他のユダヤ人は豚だが、こいつだけはまったくすばらしいユダヤ人なんだ、ということになりかねないのである。ユダヤ人の排除や根絶を言う者たちのうち誰もが、それを始めようとはしなかったし、耐えぬこうともしなかった。諸君の多くはやがて知ることになるだろう。地上にユダヤ人の一〇〇の、また五〇〇の、そして一〇〇〇の死体が横たわるとき、それが何を意味するのかを。このことに耐えぬいたということ、そして――人間としての弱さという例外を別にすれば――その際正しく身を処し続けたということ、それがわれわれを強靱にしてくれたのだ。これはわれわれの歴史に決して書かれたことのない、そして将来も書かれることのない、栄光の一ページなのである[32]。

かくして、親衛隊の指導者思想、エリート・モラルに潜むマゾヒズムは、戦慄すべき大量殺人の使命を前にして、倒錯した理想主義を生み出した。

ユダヤ人のいない理想のゲルマン帝国を地上に建設すること、そのユートピアのために数百万のユダヤ人を抹殺すること、この世界史的課題を情け容赦なく遂行することができたとき、たとえそれがあまりの残虐さゆえに記録から抹消されねばならないとしても、金髪碧眼人種の黄金郷にいずれ建立される創始者たちのモニュメントのなかで、親衛隊は歴史の黙示録的栄光に包まれるのである。

終章　ユートピアの後で

思想史的考察としては、われわれは、ヒトラーやヒムラーの政治思想について、ほぼ語り尽くしたといえよう。しかし、その後ナチズムがどういう崩壊過程を辿ったのかという点についても、若干報告しておきたい。

ヒトラー死す

一九四四年秋になると、東部においても西部においても、ドイツ軍の戦線は総崩れになっていった。しかし、こうした軍事的壊滅状況下でも、ナチのユダヤ人絶滅作戦は継続された。九月に、オランダや、フランスからユダヤ人を乗せた最後の列車がアウシュヴィッツへ向けて出発している。その後十一月に、ヒムラーは、証拠隠滅の為、アウシュヴィッツの破壊を命じている。ユダヤ人絶滅にとって象徴的な意味のある収容所が、ソ連軍によって解放されたのは一九四五年一月のことである。

一九四五年に入ると、前線と同様、ナチ指導部の統一性も一気に崩壊し始めた。最終局面では「国家元帥」ゲーリンクも総統から離反し、裸の狂王となったヒトラーは、一九四五年四月三十日にベルリンの総統官邸地下壕で自殺した（妻となったエヴァとともに。ゲッベルスも家族ともどもヒトラーの後を追った）。党官房長のボルマンは、どこへともなく姿をくらませた。

裏切り？　殉死？

忠臣ヒムラーはどうしたのだろうか。

ヒムラーは、最終局面で、ヒトラーからドイツ軍の防戦指揮官を命じられ、西に東に転戦したが、結局戦局はヒムラーのような素人の手におえるものではなかった。

四月二十日のヒトラーの誕生日（五十六歳）には、ヒムラーはベルリンに総統を訪問している。しかしその直後、すなわちヒトラーが自決する数日前、ヒトラーは海外の電波を通じて、ヒムラーが連合国と和平工作をしていることを知った。ヒトラーがヒムラーの役職をすべて解任し、逮捕命令を出した時点で、一九二四年以来の二人の主従関係はついに崩壊することになった。

ヒトラーの自殺後も、ヒムラーは悪あがきをしている。ヒトラーから後継者に指名された、海軍のデーニッツ提督と交渉し、戦後の自分の地位を売り込んでいるが、これは成功しなかった。その後ヒムラーは、変装し身分証明書を偽造して逃亡を図り、リューネブルク近郊で英軍に拘置された。そして身分が明らかになり、身体検査で口内に隠した毒物が発見されそうになった時点で、青酸カプセルを噛《か》んで自殺したのである。連合軍が自分たちの所業を裁くことは明らかであったから、もはやこれまでと観念したのであろう。四十四歳の生涯であった。

政治の領域では、理念はしばしば現実と矛盾するものである。一人の人間をとって見ても、彼のなかにはハイレベルのイデオロギー的理念とともに、実際の生活、人間関係が要請するローレベルの感情、打算があるであろう。忠誠こそ名誉というモラルによって、両者の溝を埋めることを主張した倫理家ヒムラーは、それでは最後までハイレベルの理念に、すなわちヒトラー信仰に殉じたのであろうか。

戦争末期になるにつれて、当然のことながら、ヒムラーは敗北への不安にとりつかれはじめた。しかし結論的にいえば、ヒムラーは最後の瞬間まで、ヒトラーを裏切ることができなかった。正確にいえば、ヒトラーを裏切りはしたが、ヒトラーに打撃を与える行動にまでは進むことができなかった。そしてヒトラーは、自決直前、髑髏《どくろ》の忠誠を誓ったはずの親衛隊帝国指導者が自らの命令に背いたことを知った。しかしそれは、すでに帝国が崩壊し、両者の基盤が失われた後の話であるから、実質的な裏切りとは言えなかろう。

ヒムラーが、いつ頃から戦争の行く末に不安を懐《いだ》きはじめたのかはわからない。ヒムラーは一九四五年に入ると、スウェーデンの赤十字の代表、ベルナドット伯爵を通じて、遅すぎる休戦協定に向けた工作を行っている。この工作が、ヒトラーの自決直前に露見したのである。

また、ヘーネの『髑髏の結社』によると、それ以前から、ヒトラーを監禁して、休戦協定を結ぼうとするプランが幾度かヒムラーのもとに伝えられたらしい。ヒトラーを外して、ヒムラーを首班とする休戦政権構想さえあったという。だが、結局ヒムラーはそうした陰謀には加担できなかったのである。その意味でヒムラーは、トレヴァー＝ローパーがいうように、「人間性を抽象的理念の為に犠牲にできる男」(『ヒトラー最後の日』) でありつづけたといえよう。

大思想への懐疑

ナチズムが崩壊してから、「宗教戦争」の主役は、自由主義とコミュニズムに転換していった。そして、両者はともに十九世紀以来の進歩思想の継承者であったが、ユートピア的ポテンシャルという点では、コミュニズムは大きな支持を集めた。わが国を例にとれば、一九五〇―六〇年代の進歩的民主主義者というのは、コミュニズムの同伴者と同義であったといってよい。

そして一九九一年に冷戦体制が壊れ、コミュニズムが崩壊したから、今世紀を支配した二つの巨大な全体主義ユートピアがついに崩壊したことになる。一方はアーリア人種の千年王国を目指したものであり、他方は資本主義後の人類の未来を展望するはずのものであった。

これらはいずれも、ホブズボームの言葉を借りていえば、「危機にある世界の諸問題に恒久的な解決策を提供する」として登場したのだが、結局解決に失敗したのみならず、「人類の犯罪と愚行の記録」を大きく塗り替えることになったのである。ヨーロッパでは先年、〈コミュニズム黒書〉が発売され、話題を呼んだ。そこではコミュニズムのもたらした破壊と犠牲者が、ナチズムをはるかにしのぐことが検証されている1。

したがって、今日先進資本主義国家群の思想界において、ユートピアへ対する不信が蔓延しているのも当然といえよう。ユートピアだけではない。およそ世界全体を捉えようとするような思想への、懐疑、忌避が拡大しているようにみえる。自由主義の勝利とともに、確かに思想的には、〈歴史の終焉〉ムードが広まっているのである。

こう考えてみれば、すでにバートランド・ラッセルやカール・ポッパーが早くから主張し、最近ではポスト・モダン派がいうように、大きなユートピア、プラトンのような「世界観」的政治思想は始めから禍《わざわい》の種を含んでいたと考えられる。普遍的と称する正義や理想を実行に移そうとすると、結局ひどい災禍、新しい野蛮を招くだけなのであるから。

そうであれば、小さな夢、小さな正義だけが、比較的無害に手にすることができる、ということになるのであろうか。人びとが、大きな物語を求めたくなれば、小説や舞台、スクリーン上で楽しめばよい、ということになるのであろうか。

二十一世紀の「野蛮」

そうだとすると、早々と二十一世紀の事典を作成したジャック・アタリが『21世紀事典』(柏倉康夫・伴野文夫・荻野弘己訳)で、なお「野蛮」という項目を入れ、次のように述べていることをどう理解したらよいであろうか。

これは文明が後退したところにしか出現しない。つまり国家が崩壊し、民主的な制度が弱まったところで起こる。そこでは民主主義なき市場、市場なき民主主義、友愛なき自由が横行するようになる。

しかし蛮行は、もっとも洗練された文明、もっとも純粋な民主主義、もっとも透明な市場にあっても、ひそかに進行する。たとえ、「他者」と意見が一致せず、さらにたとえ彼が経済的に破綻していようとも、彼もまた人間であることを忘れるとき、蛮行が目を覚ますのである。

さらにまた、そこには「民族中心主義(エトニスム)」という不吉な言葉も残っている。文中の「ノマド(遊牧民)」をユダヤ人と読めば、これはナチ時代をいっているに等しい。

市場、民主主義、コミュニケーションが、世界的なノマディズム、地球規模のディアスポラ、錯綜した混ざり合いという結果に至る時、その反動として、真正なるもの、清廉潔白の魅力と取り違え、純粋な民族を擁護する理論が登場することになろう。それはノマドの脅威に直面する定住者を守る立場を取る。度を越したやり方で、民族と文明を混ぜ合わせながら、民族の名において二十一世紀の最悪な野蛮行為を犯し続けるだろう。

もしもアタリの『21世紀事典』が正しいとすれば、野蛮や自民族中心主義とともに、かつてナチズムが画いたものと同種の夢が、再び別の衣装をまとって、鎌首をもたげるようになる可能性を否定することはできない。実際、すでに本書が明らかにしてきたとおり、近代ユートピアはまず進歩の思想に随伴し、進歩内部の矛盾や、進歩にうまくついて来られなかったものたちの遺恨に起因するからである。ナチズムは、自由主義とは別な進歩の理念を追求したものである。自由主義や産業の発達、政治的平等や大衆社会は、いわば進歩の地表であり、その地下には、反近代、反啓蒙の暗い地下水が流れつづけていた。こうした〈近代性の構造〉は、おそらくそっくり二十一世紀に持ち越されることになるであろう。

そしてまた〈文明の衝突〉

実際、いわゆる、リベラル・デモクラシーの国家体制を持つ先進国から外に目を転じてみると、世界はまさに、ホブズボームのいう「宗教戦争」の時代の様相を呈してきている。すでに、旧ユーゴのボスニア、コソボ、また世界各地で戦闘を開始するイスラム原理主義を見るだけで、アタリの予言は不安を呼び起こす。ボスニア紛争では、「民族の浄化」というナチズムを連想させる方針が登場し、ナチ特別行動隊まがいの手法で虐殺が執行された。

宗教は常に世界観であり、大きな物語である。またアタリの念頭には、フランス国内に続々と押しかけるアフリカ系住民、アラブ系住民と、フランス白人住民との軋轢《あつれき》も浮かんでいるであろう。先進国内部においても、マルチカルチュラリズムの試行錯誤にもかかわらず、第三世界の居住区が形成され、宗教戦争の芽は生じはじめている。こうした世界の現実を理論的に再構成したのは、サミュエル・ハンチントンの〈文明の衝突〉という主張である。

かつてナチズムは、血統や人種という生物学的根拠から、国境線を突破した。またボルシェヴィズムも、プロレタリアートの普遍性を主張して、コミュニスト・インターナショナルを組織した。それらはいずれも、大きな物語であり、強い宗教性、ユートピア性を持っていた。文明の中軸はまさしく宗教であるから、二十一世紀は「短い二十世紀」の後を受けて、これからも国境線を超えた宗教戦争を継続して行くことになるのだろうか。

ひとつの終焉、ひとつの始まり

もしそうだとすれば、先進諸国のリベラル・デモクラシー体制のなかで、社会主義の没落とともに、ユートピア、すなわち大きな物語のポテンシャルが消滅してゆき、人びとが小さな物語か、あるいは古色蒼然たるナショナリズムしか語らなくなるということは、どう評価されるべきであろうか。

すでに一九六〇年代後半に、ヘルベルト・マルクーゼは、一次元的に管理された社会の〈抑圧的寛容〉によって、これまでのユートピアの発生源、すなわち現状への不満、怒り、批判が消滅して行くことを指摘した（『一次元的人間』）。それに加えて、リベラル・デモクラシーは、ナチズムにもコミュニズムにも勝利した。こうして先進諸国では、その足元から、管理社会化と社会主義への幻滅によって、ユートピアのポテンシャルが消滅しつつある。今日では、「世界観」といっただけで、人びとは唇を歪め、冷笑と不信を表す。

一言でいえば、先進資本主義国家群におけるユートピアの消滅と、第三世界を中心とした巨大な宗教運動とは、まったく不気味な不均衡をしめしている。

そもそもユートピア思想とは何であったのか。トマス・モアの『ユートピア』やカンパネッラの『太陽の都』は、十六、十七世紀の作品であって、舞台は、人が容易に辿り着けない、海の彼方に設定されている。モアにせよカンパネッラにせよ、そこに現状批判的意識を見いだせはするものの、これを実現しようなどとは思わなかったであろう。

フランス革命の頃から、現実は変革可能なものになりはじめ、理性に基づく国家の建設可能性が、人びとの意識にのぼりはじめる。そして十九世紀になると、科学技術の進歩の時代を背景に、ユートピア的社会主義も現れる。ここにおいて進歩の名のもとに、人はすべてを変革可能であると考えはじめたのである。

ユートピアが持つ現実変革的なポテンシャルは、自由主義であれ社会主義であれ、またナチズムであれ、西欧社会を、レヴィ＝ストロースのいう〈熱い社会〉、常に前進する社会へと変えてきたのである。つまりユートピアは、近代化の精神的原動力であった。

先進諸国で、こうしたユートピアのポテンシャルが消滅しはじめたことは、はたして近代の、進歩の終焉であろうか、進歩とは決別した新たなる時代の始まりなのであろうか。それとも天に達したイカロスが墜落するしかないように、西欧は進歩のユートピアの消滅とともに、思想的にはこれ以上先へ進むことはないのであろうか。

註

●序章

1. 裁判については、J・パーシコ『ニュルンベルク軍事裁判』上下（白幡憲之訳、原書房、一九九六年）を参照されたい。

2. E・ホブズボーム『20世紀の歴史・極端な時代』上下（河合秀和訳、三省堂、一九九七年）。

3. F・ノイマン『ビヒモス』（岡本・小野・加藤訳、みすず書房、一九六三年）四〇三ページ。

4. Zygmunt Bauman, *Modernity and the Holocaust*, Cambridge 1989, p.92.

5. E.Kogon, *Der SS-Staat. Das System der deutschen Konzentrationslager*, 34. Aufl., München 1997, S.42.

6. J.Fest, *Fermdtheit und Nähe. Von der Gegenwart des Gewesenen*, Stuttgart 1996, S.157.

7. S.Friedlander, *Reflections of Nazism, An Essay on Kitsch and Death*, Indianapolis 1993.

●第Ⅰ章

1. H.Picker, *Hitlers Tischgespräche im Führerhauptquatier*, Frankfurt a.M. 1993, S.213.

2. 一七九四年にジャコバン派の恐怖政治によって倒れたコンドルセは、フランス啓蒙思想の華ともいえる『人間精神進歩の歴史』（前川貞次郎訳、角川文庫、一九六六年）においてその信念を次のように述べている。

「最後に人類は、科学や技術における新しい発見によって、その必然的結果として個人の幸福や公共の繁栄のための諸方法における新しい発見によって、あるいはまた、行為の諸原則や実践道徳における進歩によって、あるいはさらに、人間の知的道徳的肉体的諸能力の実質的完成——それはこれらの能力の緊張度を増し、その使用を導くもろもろの器具の完成からもあるいは人間の自然的組織の完成からも生じるものであるが、そのような完成——などによって人類は改善されるにちがいないのではなかろうか」

コンドルセにとって、自然認識や技術の発達と、政治社会制度における平等の増大、さらに人間の道徳的向上は切り離すことの出来ないものであった。

3. A・コント「社会静学と社会動学——『実証哲学講義』第四巻より」（霧生和夫訳、『世界の名著 46』中央公論社、一九八〇年所収）二八〇—二八一ページ。

4. こうした〈進歩の時代〉を象徴する指標として、たとえばオルテガやクローチェは、ヨーロッパの人口増大を挙げている。すなわち、ヨーロッパは、十九世紀初頭には人口一億八〇〇〇万であったのに、世紀末には実に四億五〇〇〇〇万を数え、さらに数百万の移民をアメリカなどに送り出したのである。オルテガ『大衆の叛逆』（桑名一博訳、白水社、一九九一年）九三ページ。

5．この時代の雰囲気を知るためには、十九世紀ヴィーンのユダヤ系ブルジョアジーの息子として育った、シュテファン・ツヴァイクの『昨日の世界』の一節を引くのがよいだろう。

「四十年の平和は諸国の経済体制を強化し、技術は生活のリズムを速め、さまざまな学問的発見はこの時代の精神に誇りを与えた。われわれのヨーロッパのあらゆる国々でほとんど同じ程度に感じられたひとつの興隆が始まったのであった。都市は一年一年といっそう美しくなり、いっそう人口を増していった。一九〇五年のベルリンは、一九〇一年に私の知っていたベルリンとはもう似ても似つかぬものだった。帝都からひとつの世界都市となったのであるが、それはやがてまた一九一〇年のベルリンに大きく追い越されてしまった。ウイーン、ミラノ、パリ、ロンドン、アムステルダム――ふたたび訪れてみるたびに、私は驚きと悦びを感ずるのであった。街路はいっそう広く、きれいになり、公共建築物はいっそう壮大になり、商店はいっそう豪奢で趣味が良くなっていた。すべてに、富の増大と普及とが感じられた。われわれ作家すら、この十年の間に三倍、五倍、十倍と発行部数が増えたことによって、その事実を認めた。至る処に劇場、図書館、博物館が出来あがった。浴室や電話のような、以前には少数階級の特権であった便利さが、小市民階級にも浸透し、下からは、労働時間が短縮されて以来、少なくとも人生の小さな悦びや愉しさにあずかろうとして、プロレタリアが向上して来た。あらゆるところに進歩が見られた」。

S.Zweig, *Die Welt von Gestern, Erinnerungen eines Europäers* (1944), Frankfrut a.M. 1970, S.223 f.（『昨日の世界』Ⅰ〔原田義人訳、みすず書房、一九七三年〕二八五―二八六ページ）。

6．M・ヴェーバー『職業としての政治』（脇圭平訳、岩波文庫、一九八〇年）五四ページ。

7．名望家や中産階級に支えられた国民国家の自由主義秩序が、その黄金の安定を誇ることができたのはそれほど長い期間ではなかった。われわれは、トーマス・マンの『ブデンブローク家の人びと』のなかで、十九世紀の、権威と秩序ある市民社会が、平等主義的で無秩序な大衆社会、組織化の時代の到来とともに、いかに解体していったのかを追体験することができよう。

　確かにこの時代は、二十世紀の多くのヨーロッパ知識人にとって、郷愁の源泉となっている。たとえば構造主義人類学の巨匠レヴィ＝ストロースは、ある日本人ジャーナリストとのインタビューにおいて、歴史上あらゆる社会に価値の優劣はないのだとした上で、なおかつ自己の個人的な好みを尋ねられたとき、それは「十九世紀のヨーロッパ社会」であると答えている（彼は慎重に、こうした好みを表明する場合、人は自分を暗黙のうちにその時代と社会の恵まれた階層に置きがちだという留保もつけているのだが）。なぜ十九世紀なのだろうか。それについて彼は、「あの時代には知への渇望が力を持ち——これはいまでも私の理想とするところですが——現在よりもずっと多様な文化が存在していたからです」と答えている（和田俊『欧州知識人との対話』〔朝日新聞社、一九八六年〕一二一―一四ページ）。

8. H. Arendt, *The Origins of Totalitarianism* (1951), New York 1973, p.xxi. （『全体主義の起原II』〔大島通義・大島かおり訳、みすず書房、一九八一年〕、vii ページ）。

9. レーニン『帝国主義論』（和田春樹訳、『世界の名著 52』中央公論社、一九六六年所収）三五〇―三五七ページ。

10. E・ホブズボーム『帝国の時代』（1）（野口建彦・野口照子訳、みすず書房、一九九三年）九七―九八ページ。

11. 前掲訳書、一〇六―一〇七ページ。

12. J. Sandmann, Ernst Haeckels Entwicklungslehre als Teil seiner biologistischen Weltanschauung, in: *Die Rezeption von Evolutionstheorien im 19 Jahrhundert*, hg.v.E.M.Engels, Frankfurt a.M.,1995, S. 334.

13. H.G.Marten, Rassismusu, Sozialdarwinisumus und Antisemitismus, in: *Pipershandbuch der politischen Ideen*, Bd.5, hg. v. I.Fetscher, H. Münkler, München 1987, S.61.

14. A.a.O., S.62.

15. 帝国主義的に脚色可能な、進歩主義的な社会ダーウィン主義と、一見それと対照的な、ペシミスティックな人種理論とは、それでは、どういう関係にあるのだろうか。まず言えることは、ゴビノーやラプージュの没落史観に漂うペシミズムは、大衆の登場に脅威を懐き、ヨーロッパ文明の未来に対する懐疑に襲われたJ・S・ミルやオルテガと共通するものであるということだ。

そしてさらに言えば、ヨーロッパの〈大衆〉に対する不安、危惧は、アジアやアフリカの〈植民地原住民〉、文明の外にある野蛮人への密かな恐怖とどこかで通底しているのである。精神分析的にいえば、少数の白人による、多数の有色人種の抑圧、収奪は、支配者の内面に良心の呵責を生み、それは、いずれ力をつけた原住民たちから自分たちが仕返しを受けるかもしれないという恐怖として、意識にはねかえったのである。

十九世紀の支配階級は、自分たちの支配が、国内では突如登場した大衆によって、海外植民地では膨大な原住民の叛乱によって、復讐されるかもしれないという予感に捉えられるようになった。これが、帝国主義的な社会ダーウィン主義のもとで、ペシミスティックな人種理論が人々の心を捉えた理由である。それは、帝国主義的な世界政策にのりだしたドイツ皇帝ヴィルヘルム二世が、突如として、ヨーロッパは黄色人種の危険に脅かされているとする〈黄禍論（die gelbe Gefahr）〉を唱えだしたことに象徴的に現れているといえよう。

16. ユダヤ人の歴史については多くの研究がある。ここでは、わかりやすい二著だけを挙げておく。上田和夫『ユダヤ人』（講談社現代新書、一九八六年）、黒川知文『ユダヤ人迫害史』（教文館、一九九七年）。

17. F・ブローデル『地中海』（7）（浜名優美訳、藤原書店、一九九九年）二七一ページ。

18. 前掲訳書、二五三ページ。

19. R・リュープはフランスにおけるユダヤ人の解放（自由主義的―革命的）と、ドイツにおけるそれ（啓蒙―国家的）とを比較して次のように述べている。

「フランス人が、ただ一度のユダヤ人解放命令で満足し、その実質的均等化を社会諸力の自由な活動に委ねたのに対し、ドイツ人は、国家は法制度であるのみならず教育制度でもあるのだから、ユダヤ人に対しても、国家がその社会的責任を果たすべきだと考えたのである。フランス人が社会の統合力によせた信頼を、ドイツ人は国家に置いた。……ユダヤ人の解放はドイツ諸邦においては、国家官僚、とくに進歩的で啓蒙思想の洗礼を受けた一部の官僚団の管轄事項となったのである」

R.Rürup, *Emanzipation und Antisemitismus. Studien zur 》Juden-Frage《 der bürgerlichen Gesellschaft*, Frankfurt a.M. 1987, S.21f.

20. R.Rürup, *a.a.O.*, S. 120f.

21. W.Marr, *Der Sieg des Judenthums über das Germanentum*, 9. Aufl., Bern 1879,S.15.

22. *A.a.O.*, S.38.

23. *A.a.O.*, S.46.

24. *A.a.O.*, S.44.

25. E.Dühring, *Die Judenfrage als Frage der Rassenschädlichkeit für Existenz, Sitte und Cultur der Völker*, 3. Aufl., Karlsruhe 1886, S.32.

26. *A.a.O.*, S.122ff.

デューリングの名前は、エンゲルスの批判によって歴史に残った。なお、マルティンによれば、デューリングは、一九〇一年の第五版以降急進的な社会改革を唱え、ユダヤ人問題への対策も過激化したという。

H.G.Marten, *a.a.O.*, S.77.

27. G.Mosse, *Die Geschichte des Rassismus in Eur-*

opa, Frankfurt a.M., 1990, S. 129.

28・H. Berding, Antisemitismus in der modernen Gesellschaft, in : *Nation und Gesellschaft in Deutschland*, hg.v. M.Hettling, P.Nolte, München 1996, S.201.

29・R.Rürup, *a.a.O.*, S.139.

30・それでは、こうした新しい反ユダヤ主義の思想は、実際のドイツ圏ではどのような社会、政治運動と共鳴しあっていたのであろうか。そして、一九〇八年にヴィーンに出てきたヒトラーは、そこからいかなる刺激を得たのであろうか。

反ユダヤ主義の社会、政治運動は各地に存在した。W・ヨホマンの研究を参照しながら、代表的なものを挙げてみよう。

まず一八七八年に「キリスト教―社会労働者党」を創設し、労働者や職人を現存秩序と和解させようとした、宮廷牧師のA・シュテッカーは、反ユダヤ主義を唱えることによって影響力を得た。

またマルは一八七九年、「反ユダヤ連盟」を結成、その影響を受けた活動家は、トライチュケやワーグナー、デューリングらの支持を得て、ユダヤ人を公職や教職から排除すべきだという全国的署名請願運動を展開した。多くの大学では、これに呼応した反ユダヤ主義的な学生団体が組織された。

一八九三年には、「ドイツ国民の店員同盟」（ＤＨＶ）や、大土地所有者たちから成る「農業経営同盟」（ＢｄＬ）が創設されたが、これらはいずれも反ユダヤ主義を広める役割を果たした。さらに翌年、「全ドイツ連盟（Alldeutscher Verband）」も結成されたが、これは元々は帝国主義的ナショナリズムと膨張主義的権力政策を主張する、都市の中産階層主体の組織であった（一九〇二年に二万三〇〇〇人の構成員がいた）。しかし同盟は二十世紀にはいると、国民統合イデオロギーとして反ユダヤ主義を利用するようになり、国内最大の反ユダヤ主義集団となった。これについては後にまた見ることにしたい。またその頃、ゴビノーの独訳者L・シェーマンによって「ゴビノー協会」なども創設されている。

こうした活動にもかかわらず、マルクス主義を掲げる社会民主党がその力をますます増大させたのと対照的に、反ユダヤ主義は政治勢力として勝利を得たことはなかった。結論的に言って、反ユダヤ主義は、ドイツ帝国においてもオーストリア＝ハンガリー帝国においても、強力な反ユダヤ主義政党の確立には失敗しつづけ、議会内に確固たる足場を築くことはできなかったのである（だがこのことは反ユダヤ主義が議会や政党、議員に影響力を行使できなかったということではない）。

反ユダヤ主義が議会政治上挫折してきた理由の一つは、それが多くの保守的、キリスト教的政党に、また帝国主義的なグループにも、時代の風潮として広く受け入れられており、新たに反ユダヤ主義専門の政党を興す必要性が薄かったことである。

次に、一八九〇年代以降、既成の支配勢力と決別した一部の反ユダヤ主義者が過激化し、社会革命的な要素を主張するようになったことが挙げられる。その結果、キリスト教政党（とくにカトリック）や保守政党は反ユダヤ主義から距離をとらざるをえなくなったのである。急進派の代表はたとえばH・アールバルトであるが、かれは一八九五年の宣言で中間層の立場に立脚し、大土地所有を抜本的に制限し、産業規模も普通の手工業者の範囲に限定し、過剰な私的所有を強制的に共同所有にすべきだと主張している。

さらに反ユダヤ主義者陣営の分裂状態がある。かれらの多くは、訓練を受けた政党政治家ではなく、個人主義的な文化批判家やジャーナリストであったから、一つの政治勢力を結束することはなかなかできなかったのである。
W.Jochmann, Struktur und Funktion des deutschen Antisemitismus 1878-1914, in : *Vorurteil und Völkermord*, hg. v. W.Benz, W.Bergmann, Freiburg 1977, SS.177-218.

31. S.Zweig, *a.a.O.*, S.40.（邦訳、四七—四八ページ）。

32. H.Berding, *Moderner Antisemitismus in Deutschland*, Frankfurt a.M., 1988, S. 166.

33. M. Zimmermann, *Die deutsche Juden* 1914-1945, München 1997, S.12.

34. A・ヒトラー『わが闘争』上（平野一郎・将積茂訳、角川文庫、一九七三年）二七六—二七七ページ。

35. H.Berding, *a.a.O.*, S.171.

36. W.Jochmann, a.a.O., S. 201.

37. H.Berding, *a.a.O.*, S.136f.

38. H.A.Winkler, Die deutsche Gesellschaft der Weimarer Republik und der Antisemitismus. Juden als Blitzableiter, in: *Vorurteil und Völkermord*, S. 345.

39. H.Berding, *a.a.O.*, S.176.

40. *A.a.O.*, S.136f.

41. *A.a.O.*, S.188f.

●第二章

1. J.C.Fest, *Der Gesicht des dritten Reichs. Profile einer totalitären Herrschaft*, München 1986, S.,156.

2. E.Nolte, *Der Europäische Bürgerkrieg* 1917-1945. *Nationalsozialismus und Bolschwismus*. Frankfurt a. M. 1987.

3．J・ジョル『ヨーロッパ百年史』1（池田清訳、みすず書房、一九七五年）二四八ページ。

4．J・ジョルは第一次世界大戦について次のように述べている（前掲訳書、二六〇ページ）。

「ヨーロッパ自由主義のイデオロギー的前提は、一九一四年以前に既に崩壊しつつあった。現実政治や日常生活の社会的・経済的分野において、戦争はこの崩壊の過程を速めたのである。古いヨーロッパの政治的・経済的・社会的・領土的構造は戦争によって破壊された。そして保守主義、自由主義はもちろん、社会主義さえもが、再び以前と同じものにもどることはなかった。六十年後の今日から考えて、一九〇五年に予言したジャン・ジョレスの次のことばは全く正しかったといえよう。「ヨーロッパ戦争から革命が生まれるだろう。そして支配階級はこれに備えて、うまく立ち回るだろう。しかしまた、長期的には反革命、狂暴な反動、激情的なナショナリズム、息づまるような独裁制、恐るべき軍国主義等々の危機、つまり、一連の堕落した暴力が続く時代となろう」」。

5．敗戦直後、ヒトラーがかつて軍務に志願したバイエルンでは、一時的にクルト・アイスナーの指導する労兵評議会運動が政権を握った。戦友からあまり好感を持たれなかったようだが、勇敢な兵士の一人であったヒトラーは、療養中ミュンヘンでの赤色革命を目撃し、ドイツに対する社会主義者の裏切りを確認するとともに、ヴィーン以来の反ユダヤ主義者の眼で、同時にそこにユダヤ人支配の陰謀を見て取った。

「経済の場合、事態はなおいっそう悪かった。ここではユダヤ民族が事実上『欠くことのできぬもの』になっていた。クモは徐々に民族の毛穴から血を吸い始めていた。軍需会社という回り道をして、国民的自由経済に次第にとどめをさす道具を見いだしていたのだ。……そのようにして事実上一九一六年と一七年にはすでにほとんど全生産が、金融ユダヤ人の支配下にあった」。

「そしてある日のこと、突然だしぬけに不幸な事態がぼっ発した。水兵たちがトラックでやってきて、革命を叫んだ。数人のユダヤ人学生が、わが民族生活の『自由と美と品位』のためのこの闘争の『指導者』だった。かれらのうち一人として前線に出たことのあるものはなかった。三人の近東人は、いわゆる『淋病衛戍病院』という回り道をして兵站部から本国に返されたものだった。いまやかれらが本国で赤のぼろぎれをあげたのだ!」。（『わが闘争』）

世界大戦の戦士たちの多くは、初めからヴァイマール体制に反感を持ち、本国に戻って職がない場合、準軍事的な多くの反革命義勇軍や警察予備隊に参加した。敗戦直後各地で勃発した赤色革命は、バイエルンのそれも含めて、それら義勇軍の助力で弾圧された。ヴェルサイユ条約によって、正規軍を十万人に制限された国防軍も、密かにこうした義勇軍や警察予備軍を〈影の軍隊〉として支援したのである。

　他方ロシア革命のインパクトから叛乱に決起した左翼（共産党）は、反革命の弾圧を是認し、そのことによって戦後体制の中軸となった社会民主党に根強い反感を懐いた。コミュニストと社会民主主義者の根深い反目は、後に共和国崩壊の伏流となった。

6・ハンナ・アレントは第一次世界大戦後の世界で、東欧や南欧の民族問題がヨーロッパ政治の中心に躍り出たことを指摘し、さらに次のように述べている。

「しかしそれとともにヨーロッパ自体における諸民族間の憎悪は新しい段階に入ったのである。なぜならここではどの民族も互いに、なかんずく最も近い民族を憎み合い、スロヴァキア人はチェコ人を、ハンガリア人はスロヴァキア人を、クロアチア人はセルビア人を、ウクライナ人はポーランド人を、ポーランド人はユダヤ人をという具合に、この憎悪の関係は、互いに入り組んで混住する民族集団の数の分だけ果てしなくひろがっていたからである」。

H.Arendt, op.cit., p.268.（前掲訳書『全体主義の起原II』二三七ページ）。

7・K.D.Bracher, *Die Auflösung der Weimarer Republik* (1955), 5. Aufl, Düsseldorf 1984. S.18f.

8・一冊だけ挙げる。林健太郎『ワイマル共和国』（中公新書、一九六三年）。

9・C.Schmitt, *Römischer Katholizismus und politische Form*, München 1925, S.51.

10・再びジョルのことばを借りよう（前掲訳書、三五ページ）。

「この後ろ向きに急進的な大衆運動こそ、第一次世界大戦の終了後から第二次世界大戦の終結に至るまで、ヨーロッパの新しい特徴となったものである。自由主義的民主主義に対する攻撃や、合理主義の拒否は、大戦以前の時代には実践的というよりむしろ理論的かつ知的な性格のものであった。しかし戦後の大衆運動による攻撃は、効果的な政治運動に具体化されたのである。理性に対する反抗と自由主義の否認とに大衆的支持を与えたものは、戦争体験とその余波であった」。

11・和田春樹『歴史としての社会主義』（岩波新書、一九九二年）七〇ページ以下。

12・A.Mohler, *Die konservative Revolution in Deutschland* 1918-1932. 3. Aufl, Darmstadt 1989, S.39.

13・F.Meinecke, *Die deutsche Katastrophe*, 6. Aufl., Wiesbaden 1965.（『ドイツの悲劇』矢田俊隆訳、中公文庫、一九七四年）。

14・R.Kühnl, *Die nationalzosialistische Linke.* 1925-

1930, Meisenheim 1966.

15. J.Herf, *Reaktionary Modernism*, New York 1984.（『保守革命とモダニズム』中村・谷口・姫岡訳、岩波書店、一九九一年）。

16. わが国の研究だけ挙げる。
山下威士『カール・シュミット研究』（南窓社、一九八六年）。蔭山宏『ワイマール文化とファシズム』（みすず書房、一九八六年）。八田恭昌『ヴァイマルの反逆者たち』（世界思想社、一九八一年）。

17. M.Greiffenhagen, *Das Dilemma des Konservatismus in Deutschland*, Frankfurt a. M. 1986, S.241ff.

18. E.Jäckel, *Hitlers Weltanschauung*, 3. Aufl., Stuttgart 1986.（『ヒトラーの世界観』滝田毅訳、南窓社、一九九一年）。

19. 敗戦末期、全ドイツ連盟のクラースは、ユダヤ人を「避雷針」として利用することを呼びかけていた。ドイツ人の不満と怒りの落雷を、すべてかれらの頭上に炸裂させようというのである。確かにヴァイマール体制が相対的に安定を迎えるまでは、右翼運動にとって反ユダヤ主義は利用価値があった。

しかしドイツ国民の最大の不満はユダヤ人ではなかった。怒りはなによりも敗北と国民生活の壊滅、ヴェルサイユ条約、さらにそれを承認した政府と諸政党に向けられた。この条約は、実際多くの歴史家が認めるように、戦争責任をすべてドイツにだけ押し付けたという点で、不正であったといわれても仕方ないであろう。ドイツは天文学的といわれる賠償金を要求され、領土を奪われ、軍事力も制限された。これは、誰であれドイツ国民の自尊心をいたく傷つけるものであった。

やがてドイツが国力を取り戻せば、ヴェルサイユ体制破棄を叫ぶ政治家が登場することは避けられなかったであろう。それが図らずもヒトラーであったことは、ドイツにとっても世界にとっても不幸なことであった。反ユダヤ主義が国民に受け入れられたのも、こうした体制の成立にあたって、ユダヤ人の陰謀が指摘され、そうしたデマゴギーがなるほどと思われる限りにおいてであった。多くの国民にとって、反ユダヤ主義は教義ではなく気分であり、クラースの言う「避雷針」であった。

20. R.H.Phelps, Hitlers Grundlegende Rede über den Antisemitismus in: *VfZ*, 1968, S.399.

21. J.Ackermann, *Heinrich Himmler als Ideologe*, Göttingen 1970, S.21.

22. H.Peuschel, *Die Männer um Hitler, Braune Biographien*, Düsseldorf 1982, S.131.

23. J.Ackermann, *a.a.O.*, S.198.

24. *A.a.O.*, S.30.

25. ナチの政権掌握過程については、多くの研究がある。一冊だけ挙げておきたい。

H・ヘーネ『ヒトラー独裁への道』（五十嵐智友訳、朝日新聞社、一九九二年）。

26. K.D.Bracher, *a.a.O.*, S.333.

27. L・リーフェンシュタール『回想』上（椛島則子訳、文春文庫、一九九五年）二二九—二三〇ページ。

28. H.A.Winkler, Die deutsche Gesellschaft der Weimarer Republik und der Antisemitismus, S.358f.

29. A.a.O., S.361.

●第三章

1. C.Schmitt, *Die Diktatur, Von den Anfängen des modernen Souveränitätsgedannken bis zum proletarischen Klassenkampf* (1921), Berlin 1978.

2. 現在、第三帝国の全体像を手軽に知るには、次のものがよい。

N.Frei, *Der Führerstaat, Nationalsozialistische Herrschaft* 1933 bis 1945. München 1987.（『総統国家』芝健介訳、岩波書店、一九九四年）。また少し難解だが、次も最重要文献である。D・ポイカート『ナチス・ドイツ——ある近代の社会史』（木村靖二・山本秀行訳、三元社、一九九一年）。

3. C.Schmitt, *Staat, Bewegung, Volk*, Hamburg 1933. *Staatsgefuge und Zusammenbruch des Reichs*, Hamburg 1934.

シュミットは前者の著作で、ナチズムを〈運動〉概念によって基礎付けようとしたが、これは評判が良くなかった。後者の著作で、シュミットは、ナチ国家を何とかしてドイツ帝国、さらに官憲国家の伝統につなぎとめようとしている。

O・ケルロイターには、そのような努力はもはや必要とされていない。『ドイツ憲法論』（一九三五年）においては、「ナチ法治国家」という驚くべき定義が創造（捏造）されている。O.Koellreutter, *Die deutsche Verfassungslehre*, Berlin 1935.

4. ヒトラー『わが闘争』（下）、四〇ページ。

5. 前掲訳書、五二—五三ページ。

6. プラトン『国家』上（藤沢令夫訳、岩波文庫、一九七九年）、第五巻の議論を参照されたい。

7. ヒトラー、前掲訳書（下）、一一三ページ。

8. 前掲訳書、一一七ページ。

9. 前掲訳書、一一八ページ。

10. C.J.Friedrich, The Unique Character of Totalitarian Society, in: *Totalitarianisum*, ed. C.J.Friedrich,

New York 1954, pp.52-53.

11. M.Broszat, *Der Staat Hitlers*, München 1969, S. 426.

12. 「他方ヒトラーは、政権掌握と同時に現れた指導者間の競合を解消しようとはしなかった。これはヒトラーが、党指導者として再三再四実行したモットーに従ったからであって、それによれば、かれは党内の紛争に介入してはならず、紛争の結末をじっと見据え、後に困ったことになるかもしれない個人的な言質を決して与えてはならないのである。（中略）実際、こうした統治様式がいかなる結果になるかといえば、係争中の問題は完全にそれ以上進めることがタブー視される――帝国の改造のように――か、あるいは各省間の、また党官僚機構のもろもろの対立のなかで先延ばしされるのである。ヒトラーによる、政治的な基本的対立の先延ばしと回避のシステム――かれが一時的にあるいは継続的に優先権を認めた領分、すなわち外交の特定の側面、を別とすれば――は、闘争時代から引き継がれた習慣によるものであった。それによれば、とくに緊急で重要な政治的課題が生じた場合、現存する諸権限は無視されるとともに、これまでの業務配分を変更することなく、新しく受任された官僚機構や行政幹部が配置されるのである」。H.Mommsen, Hitlers Stellung im nationalsozialistischen Herrschaftssystem, in: *Der Führerstaat, Mythos und Realität*, hg.v. G.Hirschfeld, L.Ketteracker, Stuttgart 1981, S.53.

13. 親衛隊の全体像については、週刊誌『シュピーゲル』に連載されて話題を呼んだ、H・ヘーネ『髑髏の結社』（森亮一訳、フジ出版、一九八一年）を参照されたい。また次の文献も必読文献である。H.Buchheim, M.Broszat, H.A.Jacobson, H. Krausnick, *Anatomie des SS-Staates*, Bd 1,2, München 1967.

14. 武装親衛隊について、包括的かつ優れた研究は次のものである。B.Wagener, *Hitlers Politische Soldaten, Die Waffen-SS* 1933-1945. 5. Aufl., Paderborn 1997. またわが国の研究として、芝健介『武装SS』（講談社選書メチエ、一九九五年）があり、G.Williamson, *The SS: Hitlers Instrument of Terror*, London 1995. には、武装親衛隊の写真が多く収録されている。

15. H.Buchheim, Die SS-das Herrschaftssystem, in: *Anatomie des SS-Staates*, Bd.1, S.83f.

16. A.a.O., S.92f.

17. J.Fest, *Das Gesicht des dritten Reichs*, S.150.

18. H.Buchheim, a.a.O., S.98ff.

19. E.Forsthoff, *Der totale Staat*, 1933. E.R.Huber,

Wesen und Inhalt der politischen Verfassung, 1935.
20. J.Ackermann, *Heinrich Himmler als Ideologe*, S. 149.
21. H.Himmler, *Geheimreden* 1933 *bis* 1945, hg. v. B.F.Smith, A.F.Peterson, Frankfurt a.M. 1974. S. 240.
22. H.Buchheim, Befehl und Gehorsam, in: *Anatomie des SS-Staates*, Bd. 1, S.248.
23. A.a.O., S.241.
24. ヒトラー『わが闘争』(上)、四一三ページ。
25. H.Himmler, *a.a.O.*, S.53.
26. ヒトラー、前掲訳書、四三三ページ。
27. 前掲訳書、四二二ページ。
28. J.Ackermann, *a.a.O.*, S.262.
29. H.Himmler, *a.a.O.*, S.82. Vgl., J.Ackermann, *a.a.O.*, S.106.
30. G.Williamson, *The SS*, p.117.
31. J.Fest, *a.a.O.*, S.160.
32. R.Breitmann, *The Architect of Genocide. Himmler and the Final Solution*, New York 1991. p.35.
33. Hegel, Differenz des Fichteschen und Schellingsschen Systems der Philosophie, in: *Jenar Schriften*, Frankfurt a.M. 1970, S.82.
34. M.Horkheimer, T.W. Adorno, *Dialektik der Aufklärung*, Amsterdam 1968, S.12.(『啓蒙の弁証法』徳永恂訳、岩波書店、一九九〇年、一五ページ)。
35. J.Fest, *a.a.O.*, S.161.
36. J.Ackermann, *a.a.O.*, S.53f.
37. R.Breitman. *op.cit*, p.15.
38. J.Ackermann, *a.a.O.*, S.64.
39. H.Himmler, *a.a.O.*, S.192.
40. J.Ackermann, *a.a.O.*, S.68.
41. ドイツ騎士団については、次の書物を参照されたい。山内進『北の十字軍』(講談社選書メチエ、一九九七年)。
42. H.Himmler, *a.a.O.*, S.61.

●第四章

1. A・バロック『アドルフ・ヒトラー II』(大西伊明訳、みすず書房、一九六〇年)一五〇―一五一ページ、三八六―三八七ページ。H・ラウシュニング『ヒトラーとの対話』(船戸満之訳、学芸書林、一九七二年)。
2. H.Trevor-Roper, Hitlers Kriegsziel, in: *VfZ.*, 1960, SS.121-133.
　また、J・イエッケルも、ヒトラーの政治思想の核心を、東部帝国構想と反ユダヤ主義であったとしている。
3. Niedeschrift über die Besprechung in der Reichs-

kanzelei am 5. November 1937（Hoßbach-Protokoll), in: R.Kühle, *Der deutsche Faschismus in Quellen und Dokumentation*, Köln 1975. SS.289-293.

4. ヒトラーの〈食卓談義〉は、党官房長であり、ヒトラーの公設秘書であったM・ボルマンの発案でヒトラーの食卓時の会話（ほとんど独白録）を速記したものである。
　全体は『ボルマン覚書』として私蔵されているが、英訳のみがトレヴァー＝ローパーの序文を付して公刊されている。これには邦訳（『ヒトラーのテーブル・トーク』上下、吉田八岑訳、三交社、一九九四年）がある。またこの〈食卓談義〉には、速記者であったピカー自身が、前任者ハイムの記録をひき継いで、出版したものもある（H.Picker, *Hitlers Tischgespräche im Führerhauptquartier.*）。両者の内容はかなり重複しているが、ピカーのものは分量的に約半分くらいである。トレヴァー＝ローパーの序文付ののは英訳であって、原文を確認できないつらさがある。ここでは、もっぱらピカーのものによった。

5. ヒトラー『わが闘争』（下）、三九五―三九六ページ。

6. 前掲訳書（上）、二〇六ページ。

7. F.Fischer, *Hitler war kein Betriebsunfall*, 3. Aufl., München 1993, S.177, 179.

8. ヒトラー、前掲訳書（下）、三八八、三九一ページ。

9. H.Trever-Roper, a.a.O., S.127.

10. A.a.O., S.129.

11. A.a.O., S.130.

12. Adolf Hitlers Geheimerede vom 23. November 1937, in: H.Picker, *a.a.O.*, S.493ff.

13. ヒトラー、前掲訳書（上）、四六六ページ。

14. R.Bretman, *The Architect of Genocide*, pp.39-40.

15. E.Nolte, Zwischen Geschichtslegende und Revisionismus, in: *Historiker Streit*, München 1987, S.32.（『過ぎ去ろうとしない過去』徳永恂・三島憲一訳、人文書院、一九九五年）三〇ページ。

16. E.Nolte, Vergangenheit, die nichi vergehen will, in : *a.a.O.*, S.45.（前掲訳書、四七ページ）。

17. H.Picker, *a.a.O.*, S.284ff.

18. *A.a.O.*, S.69f.

19. *A.a.O.*, S.214f.

20. W.Baumgart, *Zur Anspruche vor den Führern der Wehrmacht am 22. August 1939*, in : *VfZ*, 1968, S.133.

21. H.Buchheim, Die SS, in : *Anatomie des SS-Staates*, Bd. 1, S.182f.

22. H.Mommsen, Umvolkungspläne des Nationalsozialismus und der Holocaust, in : *Die Normalität*

des Verbrechens, hg.,v. H.Grabitz, Berlin 1994. S.72.

23. H.Himmler, *Geheimreden* 1933 *bis* 1945, S.38.

24. H.Krausnik (Hg,), Denkschrift Himmlers über die Behandlung der Fremdvölkischen Im Osten (Mai, 1940), in: *VfZ*, 1957, S.197f.

25. J.Ackermann, *Heinrich Himmler als Ideologe*, S. 211.

26. H. Himmler, *a.a.O.*, S.236.

27. *A.a.O.*, S.158f.

28. H.Heiber, Der Generalplan Ost, in : *VfZ*, 1958, S.292.

29. ナチズムの東方政策研究の代表的なものとしては以下のものがある。

R.Rössler, S.Schleiermacher, *Der Generalplan Ost. Hauptlinien der nationalsozialistischen Planuungs und Vernichitungspolitik*, Berlin 1993. B.Wasser, *Himmlers Raumolanung im Osten. Der Generalplan Ost in Polen* 1940-1944, Basel 1993. 永岑三千輝『ドイツ第三帝国のソ連占領政策と民衆　一九四一―一九四二』(同文舘、一九九四年)。G.Aly, *Endlösung. Völkerverschiebung und der Mord an den europäischen Juden*, Frankfurt a.M. 1995. (『最終的解決』山本尤・三島憲一訳、法政大学出版局、一九九八年)。資料としては次のものが重要である。*Die faschistische Okkupationspolitik in Polen* (1939-1945), hg.v. W. Röhru. a. Berlin 1989.

30. K.H.Roth, 》Generalplan Ost《―》Gesamtplan Ost《, Forschungsstand, Quellenproblem, neue Ergebnisse, in: Rössler, Schleiermacher, S.27.

31. B.Wasser, *a.a.O.*, S.47.

32. K.H.Roth, a.a.O., S.32f.

33. A.a.O., S.68f.

34. J.Fest, *Fremtheit und Nähe*, S.156f.

35. K.H.Roth, a.a.O., S.43.

36. M.Rössler, S.Schleiermacher, Der Generalplan Ost und die Modenität der Grossraum-ordnung, in: *a.a.O.*, S.10.

37. H.Himmler, *a.a.O.*, S.236.

38. J.Fest, *Das Gesicht des dritten Reichs*, S.160.

●第五章

1. ヒトラー『わが闘争』(上)、九四ページ。

2. 横山茂雄『聖別された肉体――オカルト人種論とナチズム』(白馬書房、一九九〇年)参照。

3. J.Fest, *Fremtheit und Nähe*, S.144.

4. H.Berding, *Moderner Antisemitismus in Deutsch-*

land, S.182.

5. ヒトラー、前掲訳書（上）、四六三―四六四ページ。

6. N・コーン『シオン賢者の議定書』（内田樹訳、ダイナックセラーズ、一九八六年）。

7. H.Picker, *Hitlers Tischgespräche*, S.79.

8. *A.a.O.*, S.187.

9. Das Parteiprogramm der NSDAP vom 25. 2. 1920. in : R.Kühl, *a.a.O.*, SS.105-108.

10. J.Walk(Hg.), *Das Sonderfecht für die Juden im NS-Staat*, 2. Aufl., Heiderberg 1996.

11. 一冊だけ挙げる。H. Graml, *Reichskristallnacht, Antisemitismus und Judenverfolgung im Dritten Reich*, 2. Aufl., München 1989.

12. ヒトラー、前掲訳書（上）、三六三ページ。

13. R.N.Proctor, Nazi Doctors, Racial Medicine and Nuremberg Code, in: *The Nazi Doctors and the Nuremberg Code*, ed. G.J.Annas, M.A.Grodin, New York 1992, p.18.

14. S.Kühl, *Die Internationale des Rassisten. Aufstieg und Niederlage der Internationalen Bewegung für Eugenik und Rassenhygiene im 20. Jahrhundert*, Frankfurt a.M. 1997, S.122f.

15. R.N.Proctor, op.cit., P.27.

16. M.Weinreich, *Hitlers Professors, the part of Scholarship in Germanys Crimes against the Jewish People* (1946), New Haven 1999. p.34.

17. E.Klee, *Euthanasie Im NS-Staat. Die Vernichtung lebensunwerten Lebens*, Frankfurt a.M. 1983.

18. R・ヘス『アウシュヴィッツ収容所』（片岡啓治訳、講談社学術文庫、一九九九年）二九〇、四三一ページ。

19. R・ヒルバーグ『ヨーロッパ・ユダヤ人の絶滅』上下（望月・原田・井上訳、柏書房、一九九七年）。

20. H.Krausnick, *Hitlers Einsatzgruppen. Die Truppe des Weltanschaungskrieges* 1938-1942, Frankfurt a. M. 1985. C.Browning, *Ordinary Men. Reserve Police Battalion 101 and the Final Solution In Poland*, New York 1992.（『普通の人びと』谷喬夫訳、筑摩書房、一九九七年）。

21. H.Mommsen, Umvolkungspläne des Nationalsozialismus und der Holocaust, S.79.

22. H・アレント『イェルサレムのアイヒマン』（大久保和郎訳、みすず書房、一九六九年）。
なお、アイヒマンについては、次の文献を見よ。H. Safrian, Eichmann und seire Gehilfen, Frankfurt a.M. 1995.

23. S・ハフナー『ヒトラーとは何か』（赤羽龍夫訳、草思社、一九七九年）一七一ページ。
24. H.Krausnick, Judenverfolgung, in: *Anatomie des SS-Staates*, Bd. 2. S.281.
25. H.Himmler, *Geheimreden*, S.202.
26. *Das Urteil von Nürnberg* 1945, München 1961, S.128.
27. Denkschrift Himmlers über die Behandlung der Ferndvölkischen im Osten, S.197.
28. J.Fest, *Fremtheit und Nähe*, S.155.
29. J.Ackermann, *Heirich Himmler als Ideologe*, S. 159f.
30. H,Himmler, *a.a.O.*, S.200f.
31. J.Fest, *Das Gesicht des dritten Reichs*, S.168.
32. Rede Heinrich Himmlers über die SS-Moral, 4. 10. 1943. in: *Das Dritte Reich*, Bd. 2, hg. v. W. Michalka, München 1985, S.256f.

●終章

1. S.Courtois und anders, *Das Schwarzbuch des Kommunismus*, München 1998.

あとがき

ナチズム（広くいえばファシズム）には魅力がある。こう書くと、なにを不届きな、という声が聞こえてきそうだが、もしそうでなければ、人は、毎年どうして多くのナチ研究が次々に発表されるのか、とうてい理解できないであろう。ナチズムは魅力という点でも、「過ぎ去ろうとしない過去」なのである。

ナチズムの魅力については、スーザン・ソンタグが次のように述べている（「ファシズムの魅力」『土星の徴しの下に』所収、晶文社）。

しかしこれよりも重大なのは、国民社会主義が残酷と恐怖のみの代名詞であると、一般には考えられている点である。そう考えるのは間違いである。国民社会主義は——広く言えばファシズムは——模様替えして今日なお生きのびている理想の、複数の理想の代名詞でもあったのである。芸術としての生という理想、美への信仰、勇気の神格化、共同体感情にひたって疎外感を解消すること、知性の拒否、人類はみな一家（指導者は父である）という考え方などの代名詞でもあったのである。こうした理想は多くの人々にとって感動的な現実感をもっている。（富山太佳夫訳）

わたしはここで、ナチズムの魅力を、進歩の時代を背景としながらも、ヒューマニティに対する氷のユートピアという観点から明らかにしようとした。これはソンタグの説明にはない点であるから、とくに強調したいと思ったことである。

その結果として、わたしは、ナチズムの魅力について考えるさい見落とすことのできない、もう一つの面、すなわちソンタグのいう「芸術としての生」、あるいは意志の哲学としての魅力（エマニュエル・レヴィナス「ヒトラー主義哲学に関する若干の考察」『レヴィナス・コレクション』所収、合田正人編・訳、ちくま学芸文庫）については、ここで充分説明することができなかった。

わたしの考えでは、ナチズムの魅力は、本書で分析したようなゲルマン人種帝国の〈ユートピア〉と、さらに生の芸術化という、いずれもキッチュな〈美学〉によって構成されている。わたしが画かなかった後者の側面は、ナチ指導者たちが意識せずに体現したものである。それを理解する為には、ニーチェの力への意志やワーグナーの芸術論、ハイデガーや決断主義などとの関係を明らかにしなければならない。

とはいえ、ナチズムのような巨大な現象の場合、思想の側面からだけでも、一冊の書物ですべて説明しようというのは無理なことである。

＊

わたしが、ナチズムを一つのユートピアとして考えるようになったのは、コミュニズムという、これまた壮大なユートピアの神殿が炎上し、その廃墟からは、おびただしい屍と蛮行の痕跡しか発見できなかったという事実によっている。

コミュニズムを肯定しナチズムを批判するという、戦後一貫して行われてきた、わが国の進歩的知識人の思考慣習は、今日まったく有効性を失った。

一九九八年、ヴェストファーレン州のミュンスターに滞在していたとき、書店に積まれたドイツ語版『コミュニズム黒書』を手にとって、その思いはいっそう深くなった。『黒書』を借りていえば、たとえばニュルンベルク裁判の原則（侵略戦争、戦争犯罪、人道に対する犯罪）を当てはめたとすると、いずれをとっても、二十世紀にコミュニズムが犯した犯罪の規模は、ナチズムを遥かに上回るのである。

ここで私自身のことについて言わせてもらえば、わたしはファシズムの魅力にはまったく誘惑されたことがなかった。ただ、わたしは一九六〇年代後半、世界革命を主張する新しいコミュニズムの神話には魅了された経験がある。

これには時代背景がある。今となっては信じ難いことだが、わたしが大学生であった当時、政治学の教科書が、第一章階級支配から始まり、社会主義革命とプロレタリア民主主義などといった章で終わることは珍しくなかった。

わたしは、『黒書』と同時に書店に並んだF・フュレの『幻想の終焉』（F. Furet, *Das Ende der Illusion*, München 1996.）を読みながら考えないわけにはいかなかった。すなわち、ファシズムの信奉者になった者と、コミュニズムに魅入られた者とのあいだに、いったい、いかなる違いがあるといえるのか。

残念ながら、現在のわたしはこの問いに明確に答えられない。コミュニズムの本来の意図は良かったのだ、という弁明は厚顔である。ナチズムは当初からヒューマニティの概念など持ち合わせておらず、野蛮であること、特殊であることを公然と誇りにした。しかしコミュニズムは、ヒューマニティの継承者を装いながら、ナチズム顔負けの蛮行を平然と行い、普遍的な理念の名の下に、沈黙と隠蔽をつづけたのである。

とはいえ感情的にいえば、私自身は、私悪は公益だと叫んだマンデヴィル（『蜂の寓話』）よりも、創生期のコミュニズムのユートピアへの郷愁を禁じえない。エドマンド・ウィルソンは『フィンランド駅へ』（上・下、岡本正明訳、みすず書房）のなかで、階級なき社会の建設というユートピアに憑かれたマルクスやレーニンを、その偉大さと卑小さ、度し難い理論的誤謬と類まれな正義感、冷酷さと無私のやさしさについて、実に見事に分析している。ウィルソンの描写には、甘い点があるといえなくはないが、しかし人は同じような分析を、ヒトラーやゲーリンク、ヒムラーに対して、決して為すことはできないであろう。

＊

ナチズムとコミュニズム、すなわち、人種・民族のユートピアとプロレタリアート世界革命の国際主義ユートピアは、なるほど人類の歴史にかつてない蛮行の痕跡を残した。それでは、今日そのどちらも批判的に考察しうる立場は、巷にいわれるように、両者に勝利した自由主義と市場経済ということになるのであろうか。しかし思想的にみた場合、自由・民主主義は、フランシス・フクヤマ（『歴史のおわり』上・中・下、渡部昇一訳、三笠書房）のいうように、歴史の終焉を意味するほど普遍的かつ魅力的な思想なのであろうか。

わたしは、昨今の自由主義と市場経済の生み出した精神とは、競争と効率の物神化、生を金と名誉に還元する俗物根性の肯定でしかないのではないか、という疑念を払拭することができない。なるほど自由主義が伝統を有する所では、リベラリズムには、大衆民主主義にはない精神の自立性と優れた秩序感覚が継承されている。

しかしわが国のように（同じような国が多数派だと思うが）、リベラルな細胞を発見するためには、顕微鏡でも覗かねばならないような所では、自由主義がたんなるエゴイズムの代名詞にしかならない可能性は限りなく大きい。わが国では、自由主義は、その内部に、それ自身に対する原理的、超越的批判を絶えず組み込んでおかない限り、とんでもない俗物精神に転化するしかないのである。

いずれにせよ、「先進」諸国の公共空間では、当分ユートピアの電圧は低下したまま推移するであろう。それに代わって、自由主義と市場経済の低俗さに飽き足らない心情は、行くあてもなく、群小の新興宗教やカルト集団などのなかで、ますます奇形的な夢を紡ぐことになるのであろう。

＊

人種差別主義について補足しておきたい。

ナチや人種差別主義者のいう人種や血の神秘主義、人種の違いによる人間の能力上の不平等などに、実際には何の根拠もない。この点では、わたしは、レヴィ=ストロース（『人種と歴史』荒川幾男訳、みすず書房）や、R・ベネディクト（『人種主義 その批判的考察』筒井清忠・寺岡伸悟・筒井清輝訳、名古屋大学出版会）に、あるいはジャン=ジャック・ルソー（『人間不平等起原論』）に付け加えることはなにもない。

ただし、人種の神秘的強調が、ある状況下では、呪術的魔力を発揮することは、今日でも否定できない事実である。『エレファント・マン』の作者のA・モンタギューは、人種の観念を「人間にとってもっとも危険な神話」と呼んでいる（A. Montagu, *Man's Most Dangerous Myth, The Fallacy of Race*〔1942〕, London 1997.）。

＊

本書の註の文献についても一言述べておきたい。

いうまでもなくナチズムに対する内外の資料や文献は、一人ではとうてい読みきれないほどある（K. Hildebrand, Das Dritte Reich, 3. Aufl., München 1987. に挙げられている資料、文献だけでも一一二六点ある）。ここでは註を簡略にしたため、直接に引用ないし関連した最小限の文献だけ挙げてある。しかし本書のようなささやかな研究でさえ、それ以外に、これまでの内外の、実に多くのナチ研究から無数の恩恵を受けていることを申し上げておきたい。

＊

本書の執筆を薦めてくださったのは、講談社学術局選書出版部の横山建城氏である。同氏が折にふれて適度な圧力を行使してくれなければ、生来怠惰なわたしは、本書を最後まで執筆できなかったであろう。

また横山氏は本書の構成に多くの工夫を凝らし、貴重なアイデアも提供してくださった。表現内容の責任はもちろんわたし一人にあるが、本書が少しでも読みやすくなっているとすれば、それは同氏のおかげである。厚くお礼申し上げたい。

二〇〇〇年　一月

谷　喬夫

ヤ

ラ

ワ

書名・文献索引

ヤ

ラ

ワ

ハ

マ

人名索引

ア

カ

サ

タ

ナ

ヒムラーとヒトラー

二〇〇〇年二月一〇日第一刷発行

著者 谷《たに》 喬夫《たかお》

発行者 野間佐和子
発行所 株式会社講談社
東京都文京区音羽二丁目一二—二一 郵便番号一一二—八〇〇一
電話（編集部）〇三—三九四五—四九六三 （販売部）〇三—五三九五—三六二六
（製作部）〇三—五三九五—三六一五
装幀者 山岸義明
印刷所 慶昌堂印刷株式会社 製本所 大口製本印刷株式会社
定価はカバーに表示してあります。
落丁本・乱丁本は小社書籍製作部あてにお送りください。送料小社負担にてお取り替えいたします。なお、この本についてのお問い合わせは、学術局選書出版部あてにお願いいたします。

ISBN4-06-258176-0（選書） Printed in Japan
N.D.C.311.8 250p 19cm

講談社選書メチエ　刊行の辞

書物からまったく離れて生きるのはむずかしいことです。百年ばかり昔、アンドレ・ジッドは自分にむかって「すべての書物を捨てるべし」と命じながら、パリからアフリカへ旅立ちました。旅の荷は軽くなかったようです。ひそかに書物をたずさえていたからでした。ジッドのように意地を張らず、書物とともに世界を旅して、いらなくなったら捨てていけばいいのではないでしょうか。

現代は、星の数ほどにも本の書き手が見あたります。読み手と書き手がこれほど近づきあっている時代はありません。きのうの読者が、一夜あければ著者となって、あらたな読者にめぐりあう。その読者のなかから、またあらたな著者が生まれるのです。この循環の過程で読書の質も変わっていきます。人は書き手になることで熟練の読み手になるものです。

選書メチエはこのような時代にふさわしい書物の刊行をめざしています。

フランス語でメチエは、経験によって身につく技術のことをいいます。道具を駆使しておこなう仕事のことでもあります。また、生活と直接に結びついた専門的な技能を指すこともあります。

いま地球の環境はますます複雑な変化を見せ、予測困難な状況が刻々あらわれています。

そのなかで、読者それぞれの「メチエ」を活かす一助として、本選書が役立つことを願っています。

一九九四年二月　　　　野間佐和子

講談社選書メチエ　宗教・社会・心理